Staats- und sozialwissenschaftliche Forschungen

herausgegeben

von

Gustav Schmoller und Max Sering.

Heft 184.

R. Diener, Das Problem der Arbeitspreisstatistik und seine Lösung mit Hilfe von Berufssterblichkeits- und Lohnstatistik.

München und Leipzig,
Verlag von Duncker & Humblot.
1915.

Das Problem der Arbeitspreisstatistik

und seine Lösung mit Hilfe von Berufssterblichkeits- und Lohnstatistik.

Eine methodologisch-kritische Studie

von

Richard Diener.

München und Leipzig,
Verlag von Duncker & Humblot.
1915.

Altenburg
Pierersche Hofbuchdruckerei
Stephan Geibel & Co.

Meiner geliebten Mutter

zum 70. Geburtstag.

Vorwort.

Im Wintersemester 1905/06 stellte Herr Professor Sering dem Verfasser als damaligem Mitglied des Staatswissenschaftlichen Seminars an der Berliner Universität die Aufgabe „den Einfluß des Berufs auf die Lebensfähigkeit" vor allem an Hand des vorhandenen statistischen Materials nachzuweisen. Mehrere Monate verwandte der Verfasser auf die Durchsicht der einschlägigen, schon damals nicht kleinen Literatur, ausgehend von Westergaards noch heute in seiner Art unübertroffenem Standardwerk „Die Lehre von der Mortalität und Morbilität" (zweite Auflage Jena 1901). Es gehörte kein allzu großer Scharfsinn dazu, herauszufinden, daß das vorhandene Material auf die gestellte Frage auch nicht annähernd eine befriedigende Antwort gibt, indem es uns wohl — und auch nur teilweise, so ganz leidlich für England und Wales hinsichtlich der männlichen Bevölkerung — unterrichtet über den Verlauf der Sterblichkeit und Kränklichkeit in den einzelnen Berufsgruppen, nicht aber — und darauf kam es an! —, ob oder inwieweit dieser Verlauf eine Folge des Berufs ist.

Andere wissenschaftliche Arbeiten und dann vom Oktober 1906 ab der aus äußeren Gründen wieder aufgenommene praktische Beruf zwangen den Verfasser leider zur Unterbrechung seiner Forschungen. Das Interesse daran blieb jedoch ungemindert und gern ergriff der Verfasser, als er endlich wieder seit 1912 seine Universitätsstudien in Marburg aufnehmen konnte, auf Anregung seines Lehrers Herrn Professors Troeltsch die Gelegenheit zur Weiterverfolgung der Sache. Inzwischen war eine geradezu erdrückende Fülle von großenteils medizinischen, versicherungswissenschaftlichen Arbeiten über die Zusammenhänge zwischen Beruf, sozialer Lage usw. und Krankheit wie Sterblichkeit erschienen, wobei namentlich Prinzing, Grotjahn, Kaup bahnbrechend wirkten,

indem sie vor allem der sozialen Hygiene einen Platz an der
Sonne verschaffen halfen — dies unbeschadet der in ähnlicher Richtung, aber doch nicht in derselben Richtung
gehenden verdienstvollen früheren Bestrebungen eines Max
Rubner, die erst kürzlich mit der Schaffung eines arbeits-
physiologischen Instituts durch den Staat belohnt wurden. —
Dazu kamen die wertvollen Arbeiten des Vereins für Sozialpolitik über Auslese und Anpassung der Arbeiterschaft in
der Großindustrie, die manchen Berührungspunkt mit unserem
Problem boten. Indes alles in allem fand sich nach recht
mühevoller vielmonatlicher Prüfung der neuen und neuesten
(die Jahre 1912 und 1913 waren besonders mit Neuerschei-
nungen gesegnet!) Hand- und Lehrbücher usw. über soziale
Medizin und Statistik, die zum größten Teil eigentlich auf
alte Weise ermittelte statistische Ziffern bei mancher be-
achtenswerten Anregung brachten, wiederum keine Antwort
auf die gestellte Frage. Ebenso wenig fanden sich irgendwo
mit der wirklich wünschenswerten Schärfe die Forderungen
ausgesprochen, die erfüllt werden müssen, wenn auf statistischem Wege — einzig die Massenzählung kann eine
Lösung bringen! — eine annähernd richtige „Lösung" des
Problems möglich werden soll. Trotz vieler Bedenken und
trotz der mannigfachen in den zahlreichen Zusammenhängen
mit der medizinischen Wissenschaft begründeten Schwierigkeiten glaubte sich der Verfasser nicht mit dem von anderer
Seite Festgestellten begnügen zu dürfen, sondern wenigstens
den Versuch einer Kritik der bisherigen Mortalitäts- usw.
Statistik und pflichtgemäß anschließend auch Vorschläge zu
ihrer Reform wagen zu müssen in der Überzeugung, daß das
Menschenmaterial unser wertvollstes Kapital ist und bleibt
und daß zur Erkenntnis des Zustandes eben dieses kostbarsten
Gutes die Schaffung einer brauchbareren Mortalitäts- usw.
Statistik (nicht nur wie bisher einer die allgemeine Sterblich-
keit usw. erfassenden) Vorbedingung, erste Vorbedingung sei.

Die weitere Erkenntnis, daß auch schon die bisherige
mangelhafte Sterblichkeitsstatistik mit einer an Gewißheit
grenzenden Wahrscheinlichkeit dartut, daß einzelne Berufe
die Menschen schneller verbrauchen, legte die Frage nahe,
inwieweit diese Opfer an Lebensjahren ein materielles Entgelt
finden. Dies führte zu einer kritischen Betrachtung der Lohn-

statistik in ihrer bisherigen Form mit dem Ergebnis, daß wir
über die soziale Lage der erwerbstätigen Volksschichten noch
recht unzulänglich unterrichtet sind und auch hier eine Reform
einsetzen müßte, bei der manche für die Sterblichkeitsstatistik
gefundenen Gesichtspunkte von Bedeutung sein würden.

Das Weitere mag späteren Erörterungen vorbehalten
bleiben. Hier sei nur noch folgendes gesagt:

Der Verfasser ist sich der Unzulänglichkeiten, die dieser
Arbeit anhaften, von vornherein voll bewußt. Sie liegen in
doppelter Richtung. 1. Trotz dem Bemühen, die einschlägige
Literatur, soweit sie zugänglich war, möglichst gründlich
durchzusehen und auf ihre Verwendbarkeit zu prüfen, ist die
ungenügende Berücksichtigung der einen oder anderen Abhandlung, namentlich sofern sie in einer nichtnational-
ökonomischen Zeitschrift stände, nicht ausgeschlossen in
anbetracht der schon erwähnten ungeheuren Fülle der zugehörigen Literatur. Diese ist nicht zuletzt eine Folge der
Komplexität der Fragen, die bei einer Erörterung über eine
unter anderen Gesichtspunkten zu schaffende Arbeitspreisstatistik belangreich und deren innere Zusammenhänge in
einer nach Fertigstellung dieser Untersuchung erschienenen
gedankenreichen Schrift Adolf Günthers „Das Problem der
Lebenshaltung" (Leipzig/Dresden 1914) wirksam hervorgehoben
sind. — 2. Weitere Unvollkommenheiten allgemeinerer Art
werden dieser Abhandlung eigen sein, indem der Verfasser
sie als erste größere literarische Tat — nicht ohne Über-
windung einer gewissen Scheu — zu einer entsprechend nach-
sichtigen öffentlichen Kritik stellt. Er tut es im Bewußtsein
der praktischen Schwierigkeiten, die der Durchführung seiner
auf wesentlich rein theoretischem Wege gefundenen Vorschläge entgegenstehen, die aber zum guten Teil gewiß nicht
unüberwindlich sind, und verbindet damit den Wunsch, so
zunächst eine Anregung zur nachhaltigen Verbesserung bzw.
Schaffung einer zeitgemäßen Arbeitspreisstatistik zu geben.
Er hofft, — sei es haupt- oder nebenberuflich — den gleichen
Gegenstand selbst später nochmals ausführlicher behandeln
bzw. das hier Gesagte ergänzen zu können.

Indem der Verfasser mit solcher begreiflichen captatio
benevolentiae diese kleine methodologisch-kritische Studie
hinausgibt, dankt er auch hier nochmals aufrichtig Exzellenz

von Schmoller und Herrn Geheimrat Sering für die Aufnahme
der Abhandlung in die „Forschungen", besonders aber seinem
verehrten mehrjährigen Lehrer Herrn Professor W. Troeltsch
für das allezeit gleich warme Interesse, das diese Untersuchungen in jeder Phase bei ihm fanden und die Über-
windung mancher Schwierigkeiten wesentlich erleichtern half.

Die Drucklegung dieser Arbeit ist durch den Krieg verzögert worden.

Berlin-Niederschönhausen,
Ende des eisernen Jahres 1914.

Der Verfasser.

Inhaltsverzeichnis.

Die benutzte wichtigste Literatur, insbesondere, soweit sie in der Arbeit zitiert ist.

Zur Einleitung:

Chr. G. Körner, Über den staatswirtschaftlichen Wert eines Menschenlebens (1802).

Ernst Engel, Preis der Arbeit. Berlin 1866.

— Der Wert des Menschen. Berlin 1883.

Huber und Levasseur, Über die Dauer des ökonomisch-produktiven Lebens in den Berichten des 14. Internationalen Kongresses für Hygiene (1907) 3. Bd. S. 1091.

Giorgio Mortara, Die Dauer des ökonomisch-produktiven Lebens und ihre Beziehung zur Sterblichkeit (Conrads Jahrbücher 1908, Bd. 91, 3. Folge Bd. 36).

Leo Zeitlin, Versuch, das durch übergroße Sterblichkeit entstehende Defizit sowie den durch Verlängerung der menschlichen Lebensdauer eventuell zu erzielenden Gewinn auf Grundlage einer Berechnung des wirtschaftlichen Wertes der Menschen ziffermäßig festzustellen (Alfred v. Lindheims „Saluti senectutis". Leipzig-Wien (2. Aufl.) 1909, S. 347 ff.

Zum ersten Teil:

Georg v. Mayr, Statistik und Gesellschaftslehre, 2. Band: Bevölkerungsstatistik 1897.

Gottlieb Schnapper-Arndt, Sozialstatistik. Leipzig 1912.

J. Conrad, Statistik. Jena 1902.

Harald Westergaard, Die Lehre von der Mortalität und Morbilität. Jena 1901 (2. Aufl.). (Vgl. die darin aufgeführte Literatur.) — Sterbetafeln auf Grundlage individualer Beobachtungen (Conrads Jahrbücher 1879 Bd. 33).

Max Rubner, Lehrbuch der Hygiene. Leipzig-Wien (7. Aufl.) 1903.

Friedrich Prinzing, Handbuch der medizinischen Statistik. Jena 1906. — „Die pathalogischen Erscheinungen im Menschenleben", Zeitschrift für Sozialwissenschaften 1908, S. 612 ff.

Grotjahn und Kaup, Handwörterbuch der sozialen Hygiene. Leipzig 1913.

Mosse und Tugendreich, Krankheit und soziale Lage. München 1913.

Friedrich Zahn, Die Statistik in Deutschland nach ihrem heutigen Stand (Ehrengabe für Georg v. Mayr). München-Berlin 1911. Bd. 1, besonders die Artikel von Georg Evert, Rekrutierungsstatistik; Adolf Gottstein, Morbiditätsstatistik; Paul Mayet, Berufliche Morbiditätsstatistik.

„Concordia", Zeitschrift, 1872—74, 1897, 1901—1913.

Zweiter Abschnitt:
1.

Wilhelm Kley, Die Berufskrankheiten und ihre Stellung in der staatlichen Arbeiterversicherung. Cassel 1897.

Heinrich Bleicher, Frankfurter Krankheitstafeln. Frankfurt 1900.

Kaiserlich Statistisches Amt (Mayet), Krankheits- und Sterblichkeitsverhältnisse in der Ortskrankenkasse für Leipzig und Umgegend. Berlin 1910.

Siegfried Rosenfeld, Gesundheitsverhältnisse der Wiener Arbeiterschaft, Statistische Monatsschrift 1905/06, Bd. 5-6.

F. Curschmann, Die Versicherung gegen Berufserkrankungen in Deutschland und im Auslande, Zeitschrift für Versicherungswissenschaft. 13. Bd. (1913), S. 144 ff.

2.

Lexis, Anthropologie und Anthropometrie, Handwörterbuch der Staatswissenschaften Bd. 1 1909.

Schwiening, Lehrbuch der Militärhygiene, 5. Bd.: Militärstatistik. Leipzig 1913.

Siegfried Rosenfeld, Einige Ergebnisse aus den schweizer Rekrutenuntersuchungen, Allgemeines Statistisches Archiv 1898 5. Bd.

Evert, Die Herkunft der deutschen Unteroffiziere und Soldaten am 1. Dezember 1906, 28. Ergänzungsheft der Zeitschrift des Kgl. Preuß. Statist. Landesamts.

Aus der Literatur über die Wehrfähigkeit u. a. besonders:

Max Sering, Über Militärtauglichkeit und Wehrkraft der deutschen landwirtschaftlichen Bevölkerung im Archiv des deutschen Landwirtschaftsrats 1902 S. 48 ff., 80 ff. (besonders S. 55), 1910 S. 668 ff. und besonders 678/9, 1912 (anschließend an einen Vortrag Oldenbergs) S. 526 ff., S. 542 ff.

A. v. Vogl, Die wehrpflichtige Jugend Bayerns. München 1905.

Friedrich Prinzing, Der Prozentsatz der Militärtauglichen als Maßstab der körperlichen Entwicklung einer Bevölkerungsgruppe. Zeitschrift für Sozialwissenschaften 1908.

Fridolin Schuler, Ausgewählte Schriften von Fabrikinspektor Fridolin Schuler, herausgegeben von H. Wegmann. Karlsruhe 1905.

Fr. Erismann, Untersuchungen über die körperliche Entwicklung der Arbeiterbevölkerung in Zentralrußland. Brauns Archiv für Soziale Gesetzgebung und Statistik 1888.

3.

Eidgenössisches statistisches Bureau: Ehe, Geburt und Tod in der schweizerischen Bevölkerung während der zwanzig Jahre 1871—1890, III. Teil, 2. Hälfte: Die Todesursachen. Bern 1903 (Schweizer. Stat., 137. Lieferung).

H. Herkner, Die Sterblichkeit landwirtschaftlicher und gewerblicher Bevölkerungsgruppen in der Schweiz. Conrads Jahrbücher Bd. 82, 3. Folge Bd. 27 1904.

Laspeyres, Statistische Untersuchungen über die Gesundheitsverhältnisse der Bergarbeiter, Zentralblatt für allgemeine Gesundheitspflege 1907 Heft 1 und 2.

Supplement to the sixty-fifth annual report of the registrargeneral of births, deaths and marriages in England and Wales, part II. London 1908.

Jacques Bertillon, De la mortalité et des causes de mort par profession, Recueil de Statistique municipal de la Ville de Paris, 3e Année (1912) No. 4 und 4e Anné (1913) No. 6. — B. gibt darin eine zusammenfassende Darstellung auf Grund der bisherigen englischen, französischen und schweizerischen Berufssterblichkeitsstatistik. Methodologisch neue Gesichtspunkte scheint das Werk nach der Besprechung in Pohles Zeitschrift für Sozialwissenschaften, V. Jahrg. 1914 Heft 4, nicht zu enthalten.

Karup und Gollmer, Die Sterblichkeitsverhältnisse nach Todesursachen bei den Versicherten der Gothaer Lebensversicherung für Deutschland 1829 bis 1878. Conrads Jahrbücher 1890.

— Betreffs der Sterblichkeit der Ärzte, Geistlichen, Lehrer. Conrads Jahrbücher bzw. 1886, 1888, 1894.

Andrae, betr. die Sterblichkeit der land- und forstwirtschaftlichen Bevölkerung in der Zeitschrift für Versicherungswissenschaft 1906, Bd. 6.

Andrae, Bischoff, Florschütz u. a. betr. die Sterblichkeit im Alkoholgewerbe in den Berichten des 5. Internationalen Kongresses für Versicherungswissenschaft 1906. Berlin 1906, Bd. I, S. 483 ff.

J. v. K ö r ö s y, Die Sterblichkeit der Haupt- und Residenzstadt
   Budapest 1886—1890. (Deutsche Übersetzung Berlin 1898.)
J. C o n r a d, Beitrag zur Untersuchung des Einflusses von
   Lebensstellung und Beruf auf die Mortalität. Jena 1877.
E w a l d G r i e p e n t r o g, Untersuchung über den Einfluß von
   Lebensstellung und Beruf auf die Todesursache. Hallesche
   Dissertation 1912.
H u g o M ü n s t e r b e r g, Psychologie und Wirtschaftsleben.
   Leipzig 1913.
L u d w i g M o s e r, Die Gesetze der Lebensdauer. 1839.

Dritter Abschnitt:

S o m m e r f e l d, Die Schwindsucht der Arbeiter und ihre Ursachen. Berlin 1895.
— Handbuch der Gewerbekrankheiten. Berlin 1898.
E m i l e V a n d e r v e l d e, Der Neunstundentag im Bergbau
   und die Belgische Enquête. Archiv für Sozialwissenschaften
   und Sozialpolitik Bd. 29, 1909.
A l f r e d v. L i n d h e i m, Saluti senectutis. Leipzig / Wien
   (2. Aufl.) 1909.
— Saluti juventutis. Ebenda (2. Aufl.) 1908.
— Berufsmortalität und -morbidität. 3. Bd. der Berichte des
   14. Internationalen Hygiene-Kongresses. Berlin 1907.

Zum zweiten Teil:
Erster Abschnitt:

Reichsarbeitsblatt 1903/4 ff. (Bd. I ff.). Ebenda besonders:
   A u s f ü h r l i c h e s V e r z e i c h n i s d e r D e u t s c h e n l o h n -
   s t a t i s t i s c h e n L i t e r a t u r in Bd. 7 (1909) S. 104 ff.,
   Bd. 8 (1910) S. 116 ff., Bd. 10 (1912) S. 433 ff., Bd. 11 (1913)
   S. 916 ff. Vgl. außerdem im Alphabetischen Verzeichnis des
   Gesamtregisters 1903—1912 S. 52—53 und 58.
S c h ö n b e r g - B ö h m e r t, Arbeitslohn. Handwörterbuch der
   Staatswissenschaften 2. Aufl. (1898) Bd. 1.
V i k t o r B ö h m e r t, A l b a n F ö r s t e r u. a. in der Zeitschrift
   des Königlich Statistischen Bureaus 1877, 1878, 1880,
   1892 usw.
L e o, Arbeitslohn (Statistik). Handwörterbuch der Staats-
   wissenschaften 3. Aufl. (1909) Bd. 1 (d a s e l b s t a u c h
   a u s f ü h r l i c h e r e s L i t e r a t u r v e r z e i c h n i s).
L. B e r n h a r d, Arbeitslohn in „Die Entwicklung der deutschen
   Volkswirtschaftslehre im 19. Jahrhundert". Leipzig 1908.
F r a n z E u l e n b u r g, Zur Frage der Lohnermittlung. Jena
   1899.

Walter Pupke, Die Lohnstatistik in Deutschland. Halle 1907 (Dissertation).

Johannes Feig, Statistik des Arbeitslohns und der Lebenshaltung. Bd. 2 der „Statistik in Deutschland", 1911.

August Busch, Kommunale Arbeiterstatistik. Ebenda.

Meerwarth, Statistik des Arbeitslohns und der Arbeitszeit, in Beiträge zur Arbeiterstatistik Nr. 12 „Gebiete und Methoden der amtlichen Arbeitsstatistik in den wichtigsten Industriestaaten". Berlin 1913 (Kaiserl. Statist. Amt).

K. K. Arbeitsstatist. Amt im Handelsministerium: Arbeiterverhältnisse im Ostrau-Karwiner Steinkohlenreviere. Wien I. Teil 1904, II. Teil 1906.

Herkner, Arbeitszeit. Handwörterbuch der Staatswissenwissenschaften (3. Aufl.) 1909.

Franz Xaver Zahnbrecher, Lohnstatistik. Nürnberg 1913.

Fuchs, Die soziale Lage der Pforzheimer Bijouteriearbeiter. Karlsruhe 1901.

Troeltschs Kritik dieser Fuchsschen Schrift in Conrads Jahrbuch 1901 S. 305 ff., 449 ff.

Fuchs, Die Verhältnisse der Industriearbeiter in 17 Landgemeinden bei Karlsruhe. Karlsruhe 1904.

Marie Baum, Drei Klassen von Lohnarbeiterinnen in Industrie und Handel der Stadt Karlsruhe. Karlsruhe 1906.

Fr. Wörishoffer, Soziale Lage der Zigarrenarbeiter in Baden. Karlsruhe 1890.

— Soziale Lage der Fabrikarbeiter in Mannheim und seiner nächsten Umgebung. Karlsruhe 1891.

Beiträge zur Statistik der Stadt Straßburg, Heft VII (Eichelmann, Straßburger Arbeitslöhne und Lebensmittelpreise in den Jahren 1900 bis 1907. Straßburg 1907.

Beiträge zur Statistik der Stadt Halle a. S., Heft 2: Die Einkommensverhältnisse der Angestellten und Arbeiter in der Stadt Halle a. S. Halle 1907.

Beiträge des Barmer Statistischen Amts Nr. 2: Über die Löhne der Barmer Textilarbeiter 1904.

Stephan Bauer, Die Arbeiter der Brünner Maschinenindustrie, Statistische Arbeiten der Brünner Handels- und Gewerbekammer. Brünn 1895.

R. Kuczynski, Arbeitslohn und Arbeitszeit in Europa und Amerika. Berlin 1913.

O. Wenzel, Über die Löhne in der chemischen Industrie im Jahre 1892 (vgl. Reichsarbeitsblatt 1911 S. 842).

R. Ehrenberg, Altonaer Arbeiterstatistik: I. Altonaer Arbeitslöhne 1891, ein Versuch lohnstatistischer Erhebungen auf Grund wirklich gezahlter Arbeitslöhne. Hamburg 1893.

Schriften des Vereins für Sozialpolitik Bd. 133/135, 138, betr.
„Untersuchungen über Auslese und Anpassung (Berufswahl
und Berufsschicksal) der Arbeiter in den verschiedenen
Zweigen der Großindustrie". Leipzig 1910/12. Besonders
daraus hervorzuheben Dora Landés Abhandlung in Bd. 134 II
S. 359 ff.

Marie Bernays, Berufswahl und Berufsschicksal des
modernen Industriearbeiters. Besprechungen der Vereins-
untersuchungen im Archiv für Sozialwissenschaft und
Sozialpolitik Bd. 35/36, 1912/13.

Alfred Weber, Das Berufsschicksal des modernen Industriearbeiters. Ebenda Bd. 34, 1912.

Max Weber, Zur Psychophysik der industriellen Arbeit.
Ebenda Bd. 27/28, 1908/9.

Zentralverein für das Wohl der arbeitenden Klassen, Unter-
suchungen über die Entlöhnungsmethoden in der deutschen
Eisen- und Maschinenindustrie Heft 1/9, 1906/10 (besonders
Heft 7 und 8 von Günther und Clemens Heiß).

Heinrich Feurstein, Lohn und Haushalt der Uhrenfabrikarbeiter des Badischen Schwarzwalds. Karlsruhe 1905
(Volkswirtschaftliche Abhandlungen der Badischen Hochschulen).

Lorenz Pieper, Die Lage der Bergarbeiter im Ruhrrevier.
Stuttgart-Berlin 1903.

Gewerkschaftliche lohnstatistische Literatur [vgl. ausführliches
Verzeichnis im Reichsarbeitsblatt Bd. VII (1909) S. 104 ff.,
Bd. VIII (1910) S. 116 ff., Bd. X (1912) S. 433, Bd. XI
(1913) S. 916 ff. sowie Besprechungen Bd. IV (1906) S. 933
und folgende Bände, zuletzt Bd. XI (1913) S. 194].

Dritter Abschnitt:

Herkner, Arbeitszeit. Handwörterbuch der Staatswissenschaften, 3. Aufl. (1909) Bd. I.

Rodbertus-Jagetzow, Über den Normalarbeitstag nebst
einem Briefwechsel darüber zwischen Rodbertus und dem
Architekten H. Peters. Mitgeteilt von Ad. Wagner in der
Zeitschrift für die gesamte Staatswissenschaft Bd. 34 (1878)
S. 323 ff.

L. Bernhard, Die Akkordarbeit in Deutschland. Leipzig 1903.

Bernhard-Schloß, Handbuch der Löhnungsmethoden.
Leipzig 1906.

Werner Sombart, Lohnstatistische Studien. Brauns
Archiv für soziale Gesetzgebung und Statistik (1889) Bd. II.

Ein Beitrag zur Lohnstatistik. Conrads Jahrbücher 1892.

T. Bödiker, Arbeiterlohnstatistik. Preußische Jahrbücher
Bd. 71, 1893.

Fr. Wörishoffer, Zur Frage der Lohnstatistik. Zeitschrift
    für Staatswissenschaften, 49. Jahrg., 1893.

Jahresberichte der Kgl. Preuß. Regierungs- und Gewerberäte
    und Bergbehörden für 1912. Berlin 1913.

Fr. Syrup-Gleiwitz, Der Altersaufbau der industriellen
    Arbeiterschaft. Archiv für exakte Wirtschaftsforschung
    (Thünenarchiv) Bd. VI, Heft 1 (1914) S. 14 ff.

Zum dritten Teil:

1.

Zuckerkandl, Preis II. Die statistische Bestimmung des
    Preisniveaus. Handwörterbuch der Staatswissenschaften
    (3. Aufl.) 1910, Bd. VI.

Günther, Statistik der Lebensmittelpreise und der Lebens-
    haltung, Beiträge zur Arbeiterstatistik Nr. 12. Berlin 1913.

Rudolf Decker, Statistik der Kleinhandelspreise. Statistik
    in Deutschland II, Bd. 1911.

Adolph Wagner, Zur Methodik und Statistik des Volks-
    einkommens und Volksvermögens. Zeitschrift des Kgl.
    Preuß. Statistischen Landesamts 1904 S. 41 ff.

Wieser, Über die Messung der Veränderungen des Geldwerts.
    Schriften des Vereins für Sozialpolitik Bd. 132 S. 541 ff.
    bzw. 497 ff.

Karl Ballod, Das Problem der Preisbewegung und Ver-
    brauchssteigerung in den letzten 40 Jahren. Zeitschrift
    des Kgl. Preuß. Statistischen Landesamts 1912.

2.

Stephan Bauer, Konsumtion. Handwörterbuch der Staats-
    wissenschaften (3. Aufl.) 1910, Bd. VI.

Max Rubner, Lehrbuch der Hygiene, 7. Aufl. Leipzig-
    Wien 1903.

— Volksernährungsfragen. Leipzig 1908.

— Wandlungen in der Volksernährung. Leipzig 1913.

A. Grotjahn, Über Wandlungen in der Volksernährung.
    Schmollers Forschungen 20. Bd., 2. Heft. Leipzig 1902.

Fritz Kestner, Die Bedeutung der Haushaltungsbudgets
    für die Beurteilung des Ernährungsproblems. Archiv für
    Sozialwissenschaft und Sozialpolitik Bd. 19, 1904.

Karl v. Rechenberg, Die Ernährung der Handweber in
    der Amtshauptmannschaft Zittau. Leipzig 1890.

v. Voit, Physiologie des allgemeinen Stoffwechsels und der
    Ernährung. Leipzig 1881.

3.

Karl Landolt, Methode und Technik der Haushaltstatistik. Freiburg-Leipzig 1894.

Karl Bücher, Haushaltungsbudgets oder Wirtschafts-rechnungen? Zeitschrift für die gesamten Staatswissenschaften. 1906.

Ernst Engel, Die Lebenskosten belgischer Arbeiterfamilien. Dresden 1895.

Ignaz Gruber, Die Haushaltungen der arbeitenden Klassen. Jena 1887.

Hampke, Das Ausgabebudget der Privatwirtschaft. Jena 1888.

Oskar Mulert, 24 ostpreußische Arbeiter und Arbeiter-familien. Ein Vergleich der ländlichen und städtischen Lebensweise. Jena 1908.

Bernhard Quantz, Zur Lage des Bauarbeiters in Stadt und Land. Göttingen 1911.

Ernst Herbig, Wirtschaftsrechnungen Saarbrücker Berg-leute. Berlin 1913.

Deutscher Metallarbeiterverband, 320 Haushaltungsrechnungen von Metallarbeitern. Stuttgart 1909.

Kaiserlich Statistisches Amt, Erhebungen von Wirtschafts-rechnungen minderbemittelter Familien im Deutschen Reich. Berlin 1909.

Gerhard Albrecht, Haushaltungsstatistik. (Besonders Literaturverzeichnis S. 51/62.) Berlin 1912.

Einleitung.

Problemstellung.

Folgendes Problem stand dem Verfasser ursprünglich vor Augen: Inwieweit findet der Mehr- oder Minderverbrauch an Menschenkraft in den einzelnen Berufen seinen materiellen Ausgleich? Antwort hierauf müßte grundsätzlich die Sozialstatistik geben. Aufklären soll also die Statistik darüber, welchen Gesamtverdienst der einzelne Beruf während der ganzen produktiven Lebenszeit dem einzelnen durchschnittlich bietet. Dabei wird der allgemeine Gesamtdurchschnittsverdienst als eine der allgemeinen Standardsterblichkeitsziffer analoge Größe betrachtet und ist dementsprechend zu ermitteln. Da nun wegen der praktischen Schwierigkeiten wohl nie die individuellen Gesamtverdienste, die zur Berechnung des durchschnittlichen Gesamtverdienstes im einzelnen Berufe erforderlich sind, feststellbar sein werden, so bedarf es eines Umweges, indem nämlich der durchschnittliche lebenslängliche Gesamtverdienst für die einzelnen Berufe durch Multiplikation des durchschnittlichen Jahresverdienstes [1] mit der Zahl der produktiven Lebensjahre gewonnen wird.

Zwei Größen gilt es also zu suchen: 1. die produktive Lebensdauer, Zahl der produktiven Lebensjahre,

2. den durchschnittlichen Verdienst, genauer Jahresverdienst in den einzelnen Berufen.

Zunächst bedürfte es demnach einer wenigstens annähernd zuverlässigen Berufssterblichkeitsstatistik, da sich erst mit ihrer Hilfe die mittlere oder, an sich noch genauer, die produktive Lebenszeit berufsweise berechnen ließe (Größe 1). Unter der in solcher Allgemeinheit vielleicht etwas willkürlichen und auch nicht einmal für die handarbeitenden Klassen ganz zutreffenden Voraussetzung des Anfangs der produktiven Lebensperiode mit dem Alter von 15 Jahren und des Endes mit dem von 60 Jahren hat Giorgio Mortara in Conrads Jahrbüchern 1908 (Bd. 91, 3. Folge Bd. 36 S. 664 ff.) die ökonomisch-produktive Lebensdauer aus den letztfestgstellten Absterbeordnungen für

---

[1] Mag hier, einstweilen ohne Führung des Beweises dafür, das Jahr wie in der Sterblichkeitsstatistik als zweckmäßigste Zeiteinheit gelten.

ganze Bevölkerungen einzelner Staaten abgeleitet[1]. Ein Gleiches
wäre naturgemäß, dazu bei besserer Berücksichtigung der besonderen Umstände (Beginn und Ende der Berufsausübung),
für einzelne Berufe möglich, immer eine brauchbare Berufssterblichkeitsstatistik vorausgesetzt.

Nun sind — was für die Bestimmung des Endes der produktiven Lebenszeit wesentlich ist! — Invalidität und Arbeits-
unfähigkeit recht relative Begriffe. Sie führen je nach den
berufsweise und individuell so verschiedenen Altersfürsorgeeinrichtungen bald früher, bald später zur Einstellung der
Berufstätigkeit. Es fragt sich daher, ob nicht besser der Tod
und nicht das Ende der Berufstätigkeit als Schlußtermin der
produktiven Lebensdauer von vornherein angenommen wird.

Schwieriger ist die Beschaffung der durchschnittlichen
Jahresverdienstbeträge (Größe 2). Es stände anders damit,
wäre das Arbeitsverdienst ein Jahr wie das andere gleich
groß. Alsdann erübrigte sich, wie gesagt, nur seine (des
Jahresverdienstes) Multiplikation mit der für den einzelnen
Beruf berechneten Anzahl der produktiven Lebensjahre, wobei
zunächst einmal angenommen werden soll, daß dieser Nominal-
lohnbetrag dem gewünschten Zweck genügt. Indes ändert sich
schon beim Staatsbeamten das Diensteinkommen innerhalb
längerer oder kürzerer Zeitabschnitte. Um wieviel mehr ist
dies erst bei den im freien Erwerbsleben Stehenden, im besonderen beim Arbeiter, der bei diesen ganzen Erörterungen
in allererster Linie ins Auge gefaßt wird, der Fall, wie später
noch näher gezeigt werden soll!

Einstweilen sei so die Aufgabe, die es zu lösen gilt, knapp
umschrieben — eine Aufgabe, die den Uneingeweihten sehr
einfach, den Eingeweihten unlösbar dünken wird. Inwieweit
die eine oder die andere Auffassung berechtigt ist, möchte
vielleicht das Folgende zeigen. Der Verfasser war sich der
Schwierigkeit einer Kombination von Daten der Sterblichkeitsstatistik mit Ergebnissen der Statistik der Nominallöhne — nur
diese werden mindestens vor der Hand in Frage kommen! —
wohl bewußt. Auf der anderen Seite fand er aber Anklänge
an seine Gedanken in dem kleinen Buche eines unserer größten
und originellsten Statistiker, Ernst Engels „Preis der Arbeit"
(1866). Darin, also schon 1866, heißt es u. a. S. 28/28: „Von
dem Verhältnis des Stoffes zur Arbeit werden zwei Reihen
von Tatsachen beherrscht, wovon die eine als Gesundheitszustand, die andere als mittlere Lebensdauer der verschiedenen
Berufsklassen zusammenzufassen ist. Ausgedehnte und sorg-
same Untersuchungen nach beiden Richtungen hin sind kon-

---

[1] Vgl. dazu die von Huber und Levasseur für den 14. internationalen Hygienekongreß 1907 aufgestellten Tabellen im dritten Bande
der Kongreßberichte S. 1091.

stant im Gange (1866! der Verfasser). Je mehr sich die Resultate derselben häufen, desto eher wird ihnen das Recht
widerfahren, bei der Bestimmung des Preises der Arbeit als
wichtigste Faktoren berücksichtigt zu werden. Die Gesundheits-
ziffer der Arbeiter in den einzelnen Gewerben ist maßgebend
für die Höhe des Lohnes insofern, als der in den gesunden
Tagen zu verdienende Lohn die Lebenserhaltung und Kraft-
erneuerung in den kranken austragen muß; die Invaliditäts-
ziffer bezeichnet die Dauer der produktiven oder Arbeitsperiode
und die Sterblichkeitsziffer weist auf das Maß der Fürsorge
hin, welches der Arbeitende bei Lebzeiten den Seinen widmen
muß, damit sie nach dem Tode nicht dem Elend anheimfallen."
Einem ähnlichen menschenökonomischen Problem galten auch
Engels Untersuchungen über den „Wert des Menschen" (1883).
Engel sind mit verwandten Erörterungen Petty, Ch. G. Körner,
der Vater Theodor Körners, Farr, Wittstein u. a. vorangegangen
bzw. gefolgt. In letzter Zeit hat Leo Zeitlin in Alfred v. Lindheims „Saluti senectutis" (2. Aufl. 1909 S. 347 f.) diese Frage
aufs neue aufgerollt, von den Soziologen ganz zu schweigen.

Alle die eben angeführten Schriften beweisen an sich noch
nicht die unbedingte Berechtigung einer statistischen Erfassung
des nationalökonomischen Werts des Menschen und des materiellen Entgelts seiner Leistungen, tun aber wohl die Bedeutung der ganzen Frage dar. Es bleibt daher bedauerlich, daß
auch dem hier im besonderen gestellten Problem in der statistischen Praxis bis heute so wenig Beachtung geschenkt
wurde. Noch fehlt in Deutschland wie in anderen Ländern
nicht nur eine Statistik der Gesamtverdienste nach Berufen
(eine wirkliche Arbeitspreisstatistik), sondern es ermangelt
überhaupt noch der beiden Voraussetzungen einer solchen,
nämlich einer brauchbaren Berufssterblichkeits- und Lohnstatistik. Das eine wie das andere ist besonders befremdlich
bei Völkern mit hoch entwickelter Industrie [1], die trotz vieler
ihr zu dankender kultureller Fortschritte die wertvollsten
Güter des Staats, die von ihr beschäftigten Menschen im ganzen
nur zu sehr vor der Zeit zu verbrauchen scheint. Gewiß nicht
aus irgend welcher Voreingenommenheit gegen die Industrie
muß man dabei fragen: Finden diese bis zu einem gewissen
Grade trotz aller Schutzmaßnahmen wohl immer unvermeid-
lichen Opfer an Volkskraft [2] wenigstens einen entsprechenden
materiellen Entgelt? Unsere Statistik versagt auch eine nur
annähernd zuverlässige Antwort und läßt so weitesten Spiel-

---

[1] Es ist oft schwer zu sagen, ob die Industrie als solche oder vielmehr das Milieu, das sie schafft (die Industriestädte!), die Volksgesundheit untergräbt.
[2] Vgl. u. a. das durchaus sachlich vorgebrachte pessimistische
Urteil eines bekannten sozial-medizinischen Schriftstellers Dr. Alfons
Fischer in Conrads Jahrbüchern 1914.

raum für Behauptungen, die geeignet sind, oft unnütz auch ernste Männer zu beunruhigen. Großenteils erklärt sich diese Lücke in der Sozialstatistik aus inneren, methodischen Schwierigkeiten.

Die Methodenfrage wird daher in folgenden zum Ziel der Untersuchung genommen, zunächst hinsichtlich der Berufssterblichkeitsstatistik. Hierbei wird in den Berufsgruppen die natürliche Gliederung eines Volkes erblickt und eine Berufssterblichkeitsstatistik zugleich als brauchbarste Statistik der Volksgesundheit betrachtet.

Erster Teil.
Die Volksgesundheitsstatistik.

Erster Abschnitt.

Die Volksgesundheit wesentlich bestimmende äußere Faktoren, besonders der Beruf.

Die Feststellung der Volksgesundheit setzt Klarheit über den Begriff „Gesundheit" voraus. Dieser läßt sich nur negativ geben als ein Mangel von Krankheit, deren schlimmster Ausgang der Tod ist. Über die Schwierigkeit der statistischen Erfassung gerade der Krankheitserscheinungen in der Gesellschaft später! Vorderhand seien kurz die den Gesundheitszustand bestimmenden wesentlichen äußeren Faktoren genannt:

Klima und Bodenbeschaffenheit eines Landes, die statistisch kaum erfaßbare Lebensart [1] und die Wohnweise (Siedlungsweise), die beide wiederum abhängig sind von der sozialen Lage und den durch Rasse (Herkunft, Abstammung, Vererbung) und Geschichte bedingten Sitten, dann aber vor allem der Beruf, und zwar die spezielle Beschäftigungsart. Mit Hilfe der Statistik sollen die schädigenden Einflüsse dieser einzelnen Faktoren nachgewiesen werden, nicht nur aus rein theoretischem Interesse, sondern vor allem, um dem Staat und Volk Fingerzeige zu geben, wo Abhilfe zu schaffen ist. Dieser Nachweis wird dadurch erschwert, daß alle jene Einflüsse mehr oder weniger gleichzeitig wirken, und daß bei der Vergleichung und Erklärung als den eigentlichen Aufgaben der Statistik als Wissenschaft die sich etwa ergebenden gleichen Zahlen bzw. die darin sich äußernden Wirkungen nur zu oft die Resultante aus sehr ungleichartigen Komponenten sein können. Das Mittel zur Nachweisung des einzelnen Faktors, das allerdings wegen der Kleinheit der Zahlen häufig versagt, besteht in der Bildung gleichartiger Gruppen. Um beispielsweise die Berufsschädigungen nachzuweisen, wird zunächst die Beobachtungsmasse räumlich beschränkt auf einen Bezirk mit annähernd gleichem Klima, gleicher Höhenlage, gleicher Rasse und Lebens-

------

[1] Man denke an die vielen mehr oder weniger mißglückten Alkoholistenstatistiken.

art, gleicher Siedlungsweise (Ackerbaubezirk oder Industrie-
bezirk, Land oder Stadt mit offener oder geschlossener Bauart)
und dann in Berufsgruppen zerlegt unter sachgemäßer weiterer
Gliederung, wie später des näheren dargelegt wird. Hier sei
nur so viel betont, daß vor allem zwei Faktoren miteinander
wirken: einerseits der Beruf (bzw. die spezielle Beschäftigungsart), anderseits die wirtschaftliche Lage und Lebensweise.
Nicht nur verschiedene Berufe mit annähernd gleicher Arbeits-
schwere weisen Abweichungen auf infolge ungleicher Entlohnung und deshalb ebensolcher Lebenshaltung, sondern auch
innerhalb desselben Berufs, also bei nahezu genau gleichen
Beschäftigung, finden wir Differenzen, die ihre Erklärung in
der durch die verschiedene Entlohnung bedingten verschiedenen
wirtschaftlichen Lage finden, je nachdem gelernte, angelernte
ungelernte, ständige, unständige Arbeiter in Frage stehen [1].
Immerhin wird der Beruf mehr und mehr mit wachsender
„Kultur" und Heftigkeit des Daseinskampfes als derjenige
Faktor angesprochen werden müssen, der die starke Be-
anspruchung der Körperkräfte und namentlich bei der Masse
der gegen Lohn und ohne Nebenbezüge (aus ererbtem Besitz usw.) Arbeitenden, deren ganze Lebensweise sowie ins-
besondere die Gesundheit und Lebensdauer überhaupt in erster
Linie bestimmt. So wird mit gutem Grunde der in der produktiven Lebensperiode maßgebende Beruf zum Mittel- und
Ausgangspunkt der Untersuchung gewählt. Doch sei zur
Meidung von Mißverständnissen nochmals betont, daß sich oft,
bei der breiten Masse der Lohnarbeiter nur zu oft, der Einfluß des Berufs, der speziellen Beschäftigung, kaum aus dem
sozialen Faktorenkomplex wird auslösen lassen. Eine Reihe
von Beschäftigungsarten scheinen nur schädlich oder doch
schädlicher, als sie es in Wahrheit sind, indem sie dem
Arbeiter nicht das Einkommen gewähren, dessen er unbedingt
bedarf, um den beruflich nötigen Kräfteverbrauch besonders
durch entsprechende Ernährung und Wohn- und Lebensweise
immer wieder wett zu machen. Man denke an die Hafenarbeiter und weiter an die armen Näherinnen, Heim-
arbeiterinnen. „Auch wenn keinerlei gewerbliche Schäden
dazukommen, könnte unmöglich der Mensch in solchen Verhältnissen gesund bleiben. Wir sehen Bessersituierte tag-

---

[1] Die Lohndifferenzen sind — das sei hier eingeschaltet — gewiß
die Folge einer Verschiedenheit der Arbeiten, die im gleichen Beruf
den gelernten, angelernten, ungelernten Arbeitern auferlegt werden.
Es kann sich aber dabei mehr um qualitative Abweichungen in den
Arbeiten (verschiedenes Maß der Verantwortung des Meisters, angelernten, ungelernten Gehilfen oder Lehrlings) handeln, denen nicht
ohne weiteres eine Verschiedenheit der gesundheitsschädlichen Einflüsse
zu entsprechen braucht. Man denke z. B. an die Glieder einer Former-
gruppe in Gießereien.

täglich weit größeren Anstrengungen sich hingeben, als man sie von Arbeitern verlangt, ohne daß die ersteren Zeichen einer Berufsschädigung zeigen," sagt treffend Max R u b n e r in seinem „Lehrbuch der Hygiene" 7. Aufl. 1903 S. 701. Es wird unter solchen Umständen begreiflich, wenn beispielsweise unter der hier in den Vordergrund geschobenen Berufs-einwirkung vielfach nicht nur die Schädigung oder Förderung durch die Arbeit begriffen wird, sondern mit die Folgen der durch den Beruf bedingten gesamten Lebenshaltung, also ins-besondere auch der von der Lohnhöhe abhängigen Ernährung. Im übrigen wird auf den dritten Abschnitt des ersten Teiles verwiesen.

Zweiter Abschnitt.
Maßstäbe zur Messung der Einflüsse des Berufs auf die Volksgesundheit.

Die nächste Frage scheint jetzt die nach den Maßstäben zur Messung der beruflichen Einflüsse auf die Volksgesundheit zu sein. Die Gesundheit wurde bereits als das Fehlen von Krankheitserscheinungen erläutert. Nun ist aber der Begriff Krankheit durchaus schwankend. Liegt sie schon vor bei subjektiv bemerkbarer Störung der Funktionen oder erst bei objektiver, anatomischer oder physiologischer, Erkennbarkeit? Setzt sie völlige Erwerbsunfähigkeit bzw. Unterbrechung der Erwerbsarbeit voraus?

1. Krankheits- und Invaliditätsstatistik.

Die vorhandenen nennenswerten Krankheitsstatistiken ruhen fast nur auf dem Material der Krankenkassen; sie be-rücksichtigen, soweit zu sehen, lediglich die nicht erwerbs-tätigen, d. h. die ärztlich (oft genug, so bei nervösen Leiden, lediglich auf Grund eigener Krankheitsschilderung) krank, er-werbsunfähig geschriebenen „Kranken". Dies tun auch die aus-gezeichneten M a y e t schen Untersuchungen über die „Krank-heits- und Sterblichkeitsverhältnisse der Ortskrankenkasse für Leipzig und Umgegend". Eine Ausnahme machen nur B l e i c h e r s „Frankfurter Krankheitstafeln" (1900). Die Tatsache, daß die Krankenkassen bei schlechter Konjunktur in der Regel stärker beansprucht werden, als bei normalem Wirtschaftsgange zeigt schon allein, wie sehr die Krankheitsziffern durch menschliche Willkür beeinflußt werden. Schlechte Lohnverhältnisse werden gerade den am meisten pflegebedürftigen erkrankten Arbeiter, da das Krankengeld selten dem Arbeitslohn gleichkommt, zu möglichst früher Wiederaufnahme der Arbeit zwingen. Außer-dem ist die gleiche Krankheit in verschiedenen Berufen für

die Arbeitsfähigkeit von verschiedenem Belang. Ein Schneider
wird bei relativ leichter Erkrankung seinen Beruf noch ausüben
(ob dies hygienisch richtig ist, steht auf einem anderen Blatte!),
während ein Bergmann vielleicht im gleichen Falle gar nicht
mehr daran denken kann, zur Arbeit zu gehen. Dazu kommt
die Begrenztheit der Beobachtungszeit infolge der Vorschriften
über die Karenzzeit und die Unterstützungsdauer, so daß
gerade die schweren nach Ablauf der Unterstützungszeit zum
Tode oder zur Invalidität führenden Fälle nicht voll miterfaßt
werden. Es seien nur kurz die dem Krankenkassenmaterial
besonders eigentümlichen Umstände hervorgehoben, die dessen
bloß bedingte Brauchbarkeit für die Gesundheitsmessung dartun. Denn die Verschiedenheit des Beobachtungsmaterials,
die davon herrührt, daß die Aufnahme in die Kassen unab-
hängig von dem Gesundheitszustand und der Körperkonstitution erfolgen muß, findet sich auch bei den später zu be-
sprechenden Untersuchungen über die Berufssterblichkeit.
Hinsichtlich der Kenntnis des Gesundheits- und Körperzustandes
wie im Hinblick auf die ständige, die Simulation allerdings lediglich einschränkende ärztliche Beobachtung wären die Erfahrungen
der Krankenhäuser weit zuverlässiger; aber sie gäben keinen
Aufschluß über die Krankheitshäufigkeit in den den Kranken-
anstalten zugehörigen Gebieten. Die Sachlage würde sich
ändern, wenn es zu der von G r o t j a h n empfohlenen Hospitali-
sierung aller Kranken käme [1]. — So wenig feststehend wie
der Begriff Krankheit ist der Invaliditätsbegriff. Die wesentlich auf die Vorarbeit des Arztes gestützte Krankenkassen-
und Krankenhausstatistik würde an Wert zweifellos gewinnen,
sofern die von S c h a l l m e y e r schon 1891 empfohlenen Kranken-
paß- bzw. die T u g e n d r e i c h schen Gesundheitskarten Eingang
fänden [2], die eine Kontrolle der Gesundheit und konstitutio-
nellen Entwicklung jedes einzelnen Kassenmitgliedes auch beim
Übertritt zu einer anderen Kasse bzw. einem anderen Beruf
ermöglichen und damit auch die ersten Voraussetzungen zu
einer brauchbaren Krankheitsstatistik geben würden. Die
Mehrkosten würden gewiß mindestens teilweise allmählich
ausgeglichen durch Minderausgaben auf der anderen Seite,
indem u. a. nämlich Vorbeugungsmaßnahmen gegen die eigentlichen Krankheitsursachen besser getroffen und damit die
Krankenkosten herabgesetzt werden könnten. Auch hiervon
abgesehen, lassen sich übrigens die Kosten vor allem dadurch
rechtfertigen, daß sie die Unterlagen zu der recht erwünschten
Verbesserung der Beitragstechnik (§ 384 der Reichsversicherungsordnung) bieten. Außerdem — und dies ist medizinisch-statistisch

---

[1] Vgl. G r o t j a h n - K a u p s „Handwörterbuch für soziale Hygiene",
Leipzig 1912.
[2] Vgl. M o s s e - T u g e n d r e i c h s „Krankheit und soziale Lage", 1913.

vonBelang! — erhielte man dann wohl auch einen zuverlässigeren Aufschluß über die „Berufskrankheiten" im engeren Sinne, einen Begriff, der fast noch umstrittener als der der Krankheit im allgemeinen ist. In England sind neben den eigentlichen Unfällen Berufskrankheiten seit der „The Workmen's Compensation Act" von 1906 allgemein entschädigungspflichtig, sofern sie in die auf Grund sachverständiger Gutachten aufgestellte Liste der Berufskrankheiten aufgenommen sind und bei bestimmten Arbeitsprozessen vorkommen: z. B. Krankheit: Bleivergiftung und ihre Folgen; Arbeitsprozeß: Arbeiten oder Verrichtungen, die den Gebrauch von Blei, von daraus hergestellten Gegenständen oder seinen Verbindungen bedingen.

Da nach § 547 der neuen Deutschen Reichsversicherungsordnung durch Beschluß des Bundesrats die Unfallversicherung ebenfalls auf bestimmte gewerbliche Berufskrankheiten ausgedehnt werden kann[1], so ist die Verbesserung der statistischen Grundlagen im vorgedachten Sinn zu erwarten.

Bei besserer Kenntnis des Kausalzusammenhanges wird sich zweifellos eine lange Reihe von Berufskrankheiten ergeben und die Möglichkeit bieten zur Aufstellung einer Statistik von Krankheiten infolge des Berufs — wenn auch zum Teil nur als Inbegriff eines Komplexes von Faktoren —, nicht nur wie bisher nach Berufen. Diese aber ist geradezu die Vorbedingung auch einer brauchbaren Berufssterblichkeitsstatistik, die dann erst einen sicheren Einblick in die wahren Todesursachen gewähren wird.

2. Anthropometrische Statistik.
(Messungen zu militärischen Zwecken S. 10; zu sonstigen Zwecken S. 11.)

Die Krankheitsstatistik auf Grund der Kassenmaterials ist und wird wohl auch ferner insofern unvollständig bleiben, als die in die Statistik als krank Übernommenen keineswegs alle Kranken[2] umfassen. Denn eigentlich krank sind auch die an gewissen Konstitutionsmängeln (körperlichen Mißbildungen oder auch nur ungenügender Ernährung) Leidenden (so u. a. Rubner, „Handbuch der Hygiene", 7. Aufl. 1903, S. 7). Oft sind jene Mängel die Folgen des Berufs[3].

---

[1] Der 28. Berufsgenossenschaftstag 1914 erhob allerdings „die ernstesten Bedenken" gegen eine solche Ausdehnung der Unfallversicherung, da die Unfallversicherung „ihrem Wesen nach" nur die unerwartet und plötzlich durch einen Unfall eintretenden körperlichen Verletzungen entschädigen solle.

[2] und anderseits nicht nur Kranke, sondern auch Simulanten.

[3] Schon 1700 lehrte der italienische Arzt Ramazzini, Professor in Modena, in seiner, der ältesten Abhandlung über die Berufskrankheiten „De morbis artificum diatribe": Die sitzenden Handwerker werden von der Krätze heimgesucht, die Schuster sind buckelig und die Schneider

Die nötigen Kenntnisse nun über die Einflüsse des Berufs sowie aller ihm mittelbar zugehörigen Faktoren auf die körperliche Entwicklung vermöchten an sich ganz besonders zuverlässige anthropometrische Untersuchungen zu vermitteln. Wir erhielten sie bisher fast ausschließlich durch die Militärtauglichkeitsstatistik. Abgesehen von den inneren Schwierigkeiten, die zum Teil die gleichen wie bei der Krankheitsstatistik sind (Nichterfaßbarkeit manches innerorganischen Fehlers!), ist die Militärtauglichkeit kein feststehender Begriff, sondern abhängig von dem Mannschaftsbedarf[1]. Wenn nun auch für Deutschland grundsätzlich wenigstens laut Gesetz vom 26. Mai 1893 die Kontingentierung auf einzelne Korpsbezirke und Aushebungsbezirke beseitigt ist, indem der Ersatzbedarf gemäß der Anzahl der in den Bezirken vorhandenen Tauglichen verteilt wird, so sind in praxi doch mancherlei Verschiedenheiten möglich. U. a. wird eine Aushebungsbehörde bei anfänglich schlechten Ergebnissen in anderen Bezirken zur Erlangung eines größeren Mannschaftsersatzes weniger streng urteilen und umgekehrt. Dazu kommt allgemein die Möglichkeit einer milderen oder strengeren Beurteilung der Tauglichkeit durch den einzelnen untersuchenden Arzt. Einen Fortschritt bedeutet im übrigen die seit 1903 gültige Bestimmung, wonach nicht nur, wie früher, die zur Einstellung kommenden Wehrpflichtigen, sondern auch die dem Landsturm oder der Ersatzreserve überwiesenen völlig Tauglichen in die Statistik der Tauglichen einbezogen werden und ferner die bisherige Beschäftigung der Rekruten und deren Geburtsort nach Ortsgrößenklassen[2] mitgeteilt wird; letztere Angaben sind allerdings im Hinblick auf das moderne Nomadentum von zweifelhaftem Wert.

Aber selbst angenommen, die hier angeführten Fehlerquellen wären auf ein Minimum reduziert, so bleibt die Frage, ob und wieweit gibt uns die Heeresergänzungsstatistik Aufschluß über den Einfluß des Berufs auf die Gestellungspflichtigen. Nach A. v. Vogl („Die wehrpflichtige Jugend Bayerns", 1905, S. 67) lassen sich berufliche Einwirkungen wegen der kurzen Berufsdauer nicht nachweisen. Ähnlich wie Fridolin Schuler (Ausgewählte Schriften, 1905) für die Schweiz widerspricht Prinzing dem für viele Berufe (Zeitschrift für Sozialwissenschaften, 1908, S. 28/29) und bezweifelt weiter den Wert der Angaben des väterlichen Berufs, da dabei

hinken, daher auch die genannten Zünfte bei feierlichen Prozessionen und Leichenbegängnissen einen sehr komischen Anblick bieten." (Zitiert nach Wilhelm Kley, „Die Berufskrankheiten" S. 65.)

[1] Vgl. auch die Ausführungen auf S. 31 Anm. 1 dieser Schrift.

[2] Dazu Evert, „Die Herkunft der deutschen Unteroffiziere und Soldaten am 1. Dezember 1906"; in dem 28. Ergänzungsheft der Zeitschrift des Königl. Preuß. Stat. Landesamts, worin auch der Beruf des Vaters und die Herkunft der Eltern mitgeteilt werden.

meist nicht Folgen des Berufs für die Nachkommenschaft zutage treten, sondern solche der Umgebung und Lebensweise
der Kinder, die wesentlich durch die soziale Lage der Eltern
bestimmt wird. Ferner hebt Prinzing hervor, daß die körperliche Entwicklung der Stadtgeborenen nur langsamer sei (ob
dies nicht doch gleichbedeutend mit „mangelhafter Entwicklung" ist?). Eine weitere Verarbeitung des bei den deutschen
Ersatzbehörden befindlichen Materials scheint, trotz Everts
Zweifel an seiner weiteren Ergibigkeit, recht erwünscht und
zwar unter Ausbeutung der anthropometrischen Feststellungen
nach Berufen und Bezirken, wie sie auch hinsichtlich der
Schweizer Rekruten auf Grund der Veröffentlichungen des
statistischen Büros des Eidgenössischen Departements des
Innern schon erfolgt ist[1]. Auf alle Fälle erhielte man dadurch zunächst einen tieferen Einblick in die körperliche
Widerstandsfähigkeit[2] unserer militärpflichtigen Jugend in den
einzelnen Erwerbszweigen und zuverlässigere Daten für die
meist nur vom Interessentenstandpunkt (bald von dem der
Arbeiter, bald von dem der Arbeitgeber) erörterte Frage eines
erweiterten Schutzes der jugendlichen Arbeiter, mit der sich
bekanntlich die jüngste Berner Internationale Arbeiterschutz-
konferenz von 1913 beschäftigte.

Noch brauchbarer würde natürlich das Ergebnis, wenn
für die Gestellungspflichtigen ärztliche Zeugnisse über ihren
Körperzustand beim Berufseintritt vorlägen, wie sie der englische Gewerbearzt Alcock (nach „Concordia", 1905, S. 148) und
der italienische Provinzialarzt Ravacini in seiner Broschüre
„Profilassi delle malattie in fettive d'origine professionale"[3]
vor Zulassung zur Fabrikarbeit außer periodischen körperlichen
Untersuchungen für jugendliche Arbeiter forderte. Solche alle
Altersklassen erfassenden anthropometrischen Untersuchungen,
insbesondere der gewerblich tätigen Arbeiterschaft (auch der
weiblichen, die ja die Militärstatistik von vornherein außer
Betracht läßt) können nie durch die Körpermessungen zu
militärischen Zwecken ersetzt werden, zumal dann nicht, wenn
sie periodisch erfolgen. Zweifellos wird es in Deutschland
dazu kommen, je mehr man erkennt, daß jede Krankheit
in Entstehung und Verlauf durch die Konstitution der Individuen wesentlich beeinflußt wird, je mehr sich überhaupt
die Gewerbe- und Sozialpolitik nach menschenökonomischen
Gesichtspunkten orientiert. Teilweise geschieht dies ja jetzt

---

[1] Siegfried Rosenfeld, „Einige Ergebnisse aus den Schweizer
Rekrutenuntersuchungen" im Allgem. Statistischen Archiv, 1898, Bd. V.
[2] Allerdings hat mancher Militäruntaugliche infolge geringfügiger
Körperdefekte (z. B. Fehlen eines Zeigefingers) doch die Anwartschaft
auf eine lange Lebensdauer, worüber uns die Militärtauglichkeitsstatistik
nichts sagt.
[3] Zitiert nach Kley a. a. O. S. 82.

schon. Beweis dafür sind die öffentlichen Arbeiterversiche-
rungen und die Arbeiterschutzvorschriften. Hier böte sich in
medizinalstatistischer Beziehung auch ein weites Tätigkeitsfeld
für die Krankenkassen und die Invaliditätsversicherungsanstalten.
Gäbe es in Deutschland ärztliche Gewerbeinspektoren [1] nach
Art der englischen Certifying surgeons, so stände es damit gewiß
besser, indem dann infolge klarerer Erkenntnis der kausalen Zusammenhänge zwischen Beruf und Krankheit bzw. Sterblichkeit gewerbeärztlicherseits die Anregung eines Ausbaues der
statistischen Methode in der Richtung einer schärferen, auch
statistischen Erfassung der Berufseinflüsse auf die Arbeiter zu
erwarten wäre (Berufskrankheitsliste!). Dem Verfasser ist von
allgemeinen neueren anthropometrischen Statistiken nur die
Erismannsche über die zentralrussischen Arbeiter [2] bekannt
und zugänglich gewesen. Erismann spricht zwar von dem wesent-
lichsten Einfluß der Beschäftigungsart und allem, „was drum
und dran hängt" (bessere Körperkonstitution der Nichttextil-
arbeiter: Handwerker), gibt aber auf der anderen Seite zu,
daß die Resultate in gewisser Weise abhängig sein könnten
von der natürlichen Sortierung der Arbeiter nach den einzelnen
Beschäftigungsarten gemäß ihrer Körperbeschaffenheit. Die einmalige Körpermessung einer bestimmten Arbeitergruppe vermag naturgemäß nur einige allgemeine Hinweise zu geben,
durch welche sich irgendwelche sozialpolitischen Maßnahmen
— letzten Endes der Zweck, wenn eben die Untersuchung
Schäden aufdeckt! — unmöglich rechtfertigen lassen. Unvollständig bleibt sie auch bei periodischer Wiederholung, insofern
auch hier viele innerorganische Fehler nicht erfaßbar sein dürften.
Mit solchen statistischen Unvollkommenheiten, Grenzen der
statistischen Methode, muß ja stets von vornherein gerechnet
werden.

3. Sterblichkeitsstatistik.
(Beobachtungen nicht ärztlich untersuchter Menschengruppen S. 13;
individuale Beobachtungen der Lebensversicherungsgesellschaften an
Hand ärztlich gesichteten Materials S. 15: Krankenkassenversicherungs-
material S. 16).

Nach Lage der Dinge, bei der Unzulänglichkeit der
Krankheitsstatistik (Krankheit auch als Konstitutionsfehler
aufgefaßt!), bleibt als brauchbarster Maßstab des Gesundheits-
zustandes eines Volkes oder einzelner beruflich gegliederter
Teile desselben die Sterblichkeit. Es gilt eben heute noch
das von Ludwig Moser in „Die Gesetze der Lebensdauer"
(1839) zitierte Wort des großen Bevölkerungsstatistikers

---

[1] Übrigens hat Bayern bereits seit einiger Zeit einen Landes-
gewerbearzt (Dr. Koelsch).
[2] Siehe Brauns Archiv für soziale Gesetzgebung und Statistik
Bd. I, 1888.

J. P. Süßmilch: „„Die Sterblichkeit ist der treueste Spiegel des Glücks, der Wohlfahrt der Völker und aller ihrer Wechselfälle.‘ Und so bedarf man," fährt Moser treffend fort, „ihrer Gesetze auch häufig zur Lösung sozialer Fragen dieser Art. Sie mögen immerhin dazu tauglich sein, so wird man doch von einem Spiegel kein Bild hinnehmen, ohne vorher untersucht zu haben, wie der Spiegel beschaffen ist. Er kann hohl sein, kann die Gegenstände so oder so verzerren, kann sie mit der nämlichen Stärke verfälschen, die er selbst besitzt." Im wesentlichen kann man sich über die Sterblichkeit in den verschiedenen Berufen auf drei verschiedenen Wegen unterrichten: 1. durch Kombination der Sterbefälle mit den Volkszählungsergebnissen nach Berufsgruppen, 2. auf Grund des Materials der privaten Lebensversicherungsanstalten, 3. mittels der Beobachtungen bei den Organen der Sozialversicherung: den Krankenkassen, Invalidenversicherungsanstalten und Berufsgenossenschaften.

In erstgenannter Weise wird in England seit 1860/61 [1] alle Jahrzehnte die Berufssterblichkeit der männlichen berufstätigen Bevölkerung in nahezu vorbildlicher Weise berechnet — zuletzt für 1900—1902, und zwar mit Einschluß der nicht mehr Berufstätigen (retired). Ein Gleiches ist hinsichtlich der schweizerischen männlichen Bevölkerung für 1879—1890 geschehen. Eigenartigerweise hat man hier leider den großen Fehler gemacht, nur für Sterbefälle den speziellen Beruf der Gestorbenen, dagegen für die aus der Volkszählung 1880 und 1888 gewonnenen Lebenden den Beruf des Unternehmers, in dessen Dienste sie stehen, nicht den Arbeiterberuf zu berücksichtigen. Dadurch wird die sonst so wertvolle Arbeit nahezu unbrauchbar. Im übrigen leiden die englische und die schweizerische Statistik an dem großen Mangel, daß sie uns gerade über den Hauptpunkt, den Einfluß des Berufs (d. h. inwieweit die gefundene Sterblichkeit eine Folge des Berufs ist) keinen oder recht ungenügenden Aufschluß geben, so vorzüglich auch sonst das Erfahrungsmaterial statistisch bearbeitet und gegliedert ist. Die gut entlohnten, aber angestrengt arbeitenden schweizer Sticker weisen eine niedrige Sterblichkeit auf, die sich aber wesentlich aus der Abstammung der Sticker (größtenteils aus der Landwirtschaft) und ferner aus ihrer meist landwirtschaftlichen Beschäftigung im Sommer — da

---

[1] Eigentlich wurde in England schon 1851 mit einer Statistik über die Berufssterblichkeit der Anfang gemacht, indem damals gelegentlich der Volkszählung die Sterbefälle dieses Jahres und die Volkszahl, und zwar die über 20jährigen (aber ohne jegliche Spezifizierung nach dem Alter), nach der Beschäftigungsart verteilt wurden (nach Westergaard a. a. O. S. 82). — Schon 1850 wurde auf Grund des Materials der Friendly Societies durch Ratcliffe, an Hand des Hilfskassenmaterials 1852—1853 durch Finlaison die Berufssterblichkeit untersucht.

die Stickerei in der Regel Saisonindustrie ist — erklärt. Die
Sticker, die in dem schweren Stickerberuf meist etwa bis zum
50. Lebensjahre körperlich verbraucht oder doch für die Industrie unbrauchbar geworden sind, kehren später wieder in
den landwirtschaftlichen Beruf zurück, dessen Sterblichkeit
dadurch erheblich gesteigert wird (H e r k n e r in Conrads Jahrbüchern 1904) [1].

Der Fehler, den die erwähnten schweizer Lebendenziffern
aufweisen (Gruppierung nach dem Unternehmerberuf statt dem
Arbeiterberuf), findet sich auch bei dem ersten Versuch einer
preußischen Berufssterblichkeitsstatistik (Pr. Statist. Jahrbuch
1911 S. 34). Hier ist außerdem nur eine Gliederung nach
den großen Erwerbsgruppen erfolgt: z. B. Metallverarbeitung,
Textilindustrie. Es fehlt also jede soziale Unterscheidung,
eine Unterscheidung, ob selbständig oder abhängig, ob An-
gestellter oder Arbeiter, von weiteren feineren Gliederungen ganz
abgesehen. Dies ist eine recht unzulängliche Methode, die auf
eine geringe Wertung der Berufssterblichkeitsstatistik schließen
läßt. Andererseits soll nicht verkannt werden, daß das Beobachtungsmaterial erst wirklich verwendbar werden wird,
nachdem wenigstens zunächst einmal die oft geforderte selbst-
verständliche ärztliche Untersuchung und Zeugnisfertigung vor
dem Eintritt in einen Beruf oder wenigstens in einen gesundheitsschädlichen Betrieb gesetzliche Pflicht geworden ist
(vgl. weiteres auf S. 29 ff. dieser Schrift).

Zu diesen auf einen ganzen Staat sich erstreckenden
beruflichen Sterblichkeitsuntersuchungen treten solche für
kleinere Bezirke, die aber auch alle Volksschichten umfassen,
so für Budapest die verdienstvollen Arbeiten K ö r ö s y s und für
Halle die Abhandlungen C o n r a d s (1877) und neuestens (1912)
G r i e p e n t r o g s. Alle drei basieren ihre Darstellungen der
Einfachheit halber nur auf die Zahlen der Gestorbenen und
begnügen sich mit der Berechnung relativer Intensitäten [2], die

---

[1] Vgl. im übrigen das neueste, 1912/13 erschienene Werk Jacques
B e r t i l l o n s, „De la mortalité et des causes de mort par profession", in
dem die Ergebnisse der bisherigen Untersuchungen über die Berufssterblichkeit in England/Wales (für 1860/61/71, von Farr, 1880/82, von
Ogle, 1890/92 und 1900/02, von Tatham), Schottland (1890/92 und 1900/02),
Frankreich (1907/08, von Jacques Bertillon selbst) ebenso wie diejenigen
über Paris im besonderen für 1885—89, 1890—99 sowie in der Schweiz
(1879—90) zusammenfassend mitgeteilt werden (nach Pohles Zeitschrift
für Sozialwissenschaft 1914, 5. Jahrg., 4. Heft).

[2] Zur Erläuterung des Begriffs „Relative Intensität" ein Beispiel:

Es starben	in Gruppe A	Gruppe B
an allen Todesursachen . .	200	18
an Tuberkulose	40	4

Somit kamen auf 100 Gestorbene Todesfälle infolge Tuberkulose in
Gruppe A (200:40 = 100:X =) 20, in Gruppe B (18:4 = 100:X =) 22, 2.
Auf 100 Todesfälle infolge Tuberkulose in Gruppe A entfielen also
(20:22,2 = 100:X =) 111,1 in Gruppe B. Die Steigerung oder relative
Intensität betrug demnach in Gruppe B = 11,1 %.

aber die Sterblichkeit in der einen oder anderen Berufsgruppe
nicht erkennen lassen, da die Lebenden außer Betracht bleiben.
Einen Fortschritt bedeutet in der Griepentrogschen Arbeit die
überaus wichtige, meist leider so wenig einheitliche, Todes-
ursachengliederung durch Zugrundelegung des Todesursachen-
verzeichnisses nach dem 1908 gefaßten Beschluß der Konferenz
Deutscher Städtestatistiker.

Der den vorigen Statistiken anhaftende Mangel jeglicher
Berücksichtigung der körperlichen Beschaffenheit der Gestorbenen wird abgesehen von einigen wenigen Berufsständen,
die nur ärztlich ausgesuchtes Menschenmaterial aufweisen,
wie · Bergleute [1], Eisenbahner und manche öffentliche usw.
Beamtengruppen (Steuerbeamte), Heer und Marine, eigentlich
nur bei den Versicherten der privaten Lebensversicherungsgesellschaften nicht angetroffen. Daher kommt den Berufssterblichkeitsuntersuchungen der letzteren auf Grund ihrer
eigenen Erfahrungen auch eine besondere Bedeutung zu, um
so mehr, als die Höhe der Versicherungssummen, die in der
Regel zugleich wenigstens einen gewissen Einblick in die
soziale Lage gibt, eine Gruppenbildung unter diesem wichtigen
Gesichtspunkt ermöglicht. Vor allem sind hier die wertvollen
Veröffentlichungen auf Grund der Beobachtungen der Gothaer
Lebensversicherungsbank zu nennen. Sie betreffen die Sterblichkeit der Ärzte, Lehrer, Geistlichen, Landwirte und der in
Alkoholgewerben tätigen Personen. Auch sie müssen als unvollkommen insofern gelten, als sie wesentlich nur einige
leicht abgrenzbare Gruppen der mittleren und besser situierten,
zur regelmäßigen Prämienzahlung fähigen Volksschichten umfassen, also weder für diese Schichten, noch gar für die gesamte Bevölkerung gültige Schlüsse gestatten; sie erstrecken
sich ferner auf längere Zeiträume, in denen die allgemeinen
hygienischen und Kulturverhältnisse sowie die ärztlichen Aufnahmebedingungen nicht unerhebliche Wandlungen zu erfahren
pflegen, weil nur dann in der Regel genügend große Beobachtungs-
zahlen bei der einzelnen Anstalt zu gewinnen sind. Endlich stehen
die einzelnen versicherten Individuen (größtenteils; dies ergibt
sich aus der im allgemeinen späten Versicherungsnahme und
aus der mehr und mehr an Stelle der Lebenszeitversicherung
tretenden abgekürzten Versicherung) nur für einen Teil der
Zeit ihrer beruflichen Tätigkeit unter Beobachtung der Anstalt. Gegenwärtig ist zufolge eines sehr erfreulichen Be-
schlusses des Vereins Deutscher Lebensversicherungsgesellschaften vom Jahre 1908 in Cassel eine Untersuchung der
Sterblichkeit auch nach Berufen im Gange auf Grund des

---

[1] Vgl. Laspeyres „Statistische Untersuchung über die Gesundheitsverhältnisse der Bergarbeiter" im Zentralblatt für allgemeine Gesundheitspflege 1907, Heft 1 u. 2.

Materials sämtlicher Vereinsgesellschaften. Inwieweit diese Arbeiten die Kenntnis der Berufssterblichkeit wirklich fördern werden, läßt sich vorerst nicht beurteilen. Sicher ist nur, daß auch hier mit Ungleichartigkeit des Materials zu rechnen sein wird. Denn die wandelbaren Aufnahmebedingungen der einzelnen Anstalten weichen nicht nur zur gleichen Zeit er-heblich voneinander ab, sondern haben auch im Lauf der Zeit manche Änderung erfahren. Kleinere Gesellschaften werden meist nach milderen Grundsätzen vorgehen. Über die Arbeiter dürfte zudem diese geplante umfassende Arbeit wenig bieten, da die Fälle der Volksversicherung von der Bearbeitung aus-geschlossen sind.

Als letzte Quelle, die Aufschluß über die Berufssterblich-keit zu geben vermag, kämen wiederum die Krankenkassen in Betracht. Relativ brauchbar ist hier jedoch nur eine Statistik, die sich auf deren Pflichtmitglieder beschränkt. Denn die freiwilligen Mitglieder stellen im wesentlichen eine Selbst-auslese der schlechten Risiken unter den nichtversicherungs-pflichtigen Erwerbstätigen dar und weisen denn auch eine erheblich größere Kränklichkeit und Sterblichkeit auf. Den Aufschluß, den die Kassen über die weibliche Bevölkerung geben, ist insofern unvollständig, als die Frauen durchschnitt-lich nur 6 bis 10 Jahre erwerbstätig und versicherungspflichtig sind. Insbesondere kann daher gerade die Sterblichkeit der Hausfrauen, mit Ausnahme solcher der u. a. in der Textil-industrie und im Bekleidungsgewerbe noch erwerbstätigen Ehefrauen, nicht mit einbezogen werden.

Auch von den männlichen Arbeitern erfassen die Kranken-kassen, deren Material bisher wohl am besten von Mayet für Leipzig und recht brauchbar auch von Rosenfeld für Wien (abgesehen u. a. von den einschlägigen englischen Darstellungen) bearbeitet ist, nur einen geringen Teil. „Als Krankenkassen-pflichtmitglied", sagt Mayet S. 177 des I. Bandes der ‚Krank-heits- und Sterblichkeitsverhältnisse in der Ortskrankenkasse für Leipzig und Umgegend' (vom 1. Januar 1887 bis Ende April 1905), „stirbt nur ein geringer Teil der Berufsgenossen, die durch die Krankenkassen gegangen sind". Ein kleiner Teil solcher Todesfälle, der innerhalb eines Jahres nach Austritt aus der Krankenkasse an derselben Krankheit erfolgte, wird noch gezählt, — an anderer Krankheit aber nicht. Nur ein kleiner Teil der ausgetretenen Mitglieder wird freiwilliges Mitglied. Nur von diesem kleinen Teil werden noch die Sterbefälle erfaßt. Die Sterbefälle aller übrigen sind teils bei den Invalidenversicherungsanstalten, teils bei den Berufs-genossenschaften, unter den Invaliden- und Unfallrentnern zu finden. Soweit sie aber nicht zu solchen Rentnern wurden, ist die Erfassung der Todesfälle unmöglich; sie verschwinden in der Masse der Todesfälle der Bevölkerung. — Krankenkassensterblichkeitsziffern haben nur einen gewissen Wert für eine vergleichende Betrachtung zur Kennzeichnung der in den verschiedenen Berufsarten der Krankenkasse vornehmlich bei den Berufstätigen herrschenden Gesundheitsverhältnisse." — Noch eins bleibt zu beachten: Sofern der § 547 der neuen Reichsversicherungsordnung, wonach ja bestimmte gewerbliche Berufskrankheiten der Unfallversicherung unterstellt werden können, nach englischem Vorbilde in größerem Umfange Anwendung finden sollte, würde das Material der Krankenkassen in Bezug auf die daraus zu gewinnenden Krankheits- und Sterblichkeitsstatistiken noch lückenhafter werden und demnach allein nicht genügen[1].

Dritter Abschnitt.

Ziel der Berufssterblichkeitsstatistik.

Die vorerwähnte Möglichkeit einer erweiterten Anwendung des § 547 der Reichsversicherungsordnung auf Kosten der Vollständigkeit der Krankenkassenstatistik sowie die von Mayet genannten Momente lassen nach Ansicht des Verfassers ein Zusammenarbeiten der drei großen Sozialversicherungszweige auch auf dem Gebiet der Krankheits- (einschließlich Invaliditäts-) und Sterblichkeitsstatistik für die Zukunft als dringend erwünscht erscheinen. Für jeden einzelnen Versicherten und von jeder der drei Anstalten wäre eine besondere versicherungsstatistische Karte (oder Register) zu führen, die weiter gegeben werden müßte im Falle seines Übertritts in einen anderen Beruf bzw. zu einer anderen Kasse (Anstalt). Bei der Unvollkommenheit, die jeder Statistik und der hier in Frage stehenden im besonderen anhaftet, kann nur eine Individualstatistik, wie sie heute z. B. die Lebensversicherungsanstalten führen, dem Ziele näher bringen. Um möglichste Gleichartigkeit zu erreichen, die für einen kleinen Bezirk hinsichtlich Wohn- und Lebensweise, Klima und Rasse natürlich in weit größerem Maße gegeben ist als für ein ganzes Land, dürfte zunächst der Ausbau der Krankenkassenstatistik am Platze sein. Dieser würde das nötige Hand in Hand arbeiten mit den Berufsgenossenschaften und Invaliditätsversicherungsanstalten durchaus nicht ausschließen. Die vorhandenen Schwierigkeiten scheinen nicht unüberwindlich, die

---

[1] Betont sei noch, daß speziell die Mayetsche Untersuchung an Hand des Materials der Leipziger Ortskrankenkasse insofern keinen vollständigen Einblick in die gesundheitlichen Verhältnisse der Leipziger Arbeiterschaft gewährt, als die großindustriellen Arbeiter im wesentlichen nicht erfaßt sein dürften, da sie meist besonderen Betriebs- (Fabrik-) Krankenkassen angehören.

vielleicht — zumal anfangs — entstehenden Kosten [1] wohl er-
träglich und vor allem im Hinblick auf den daraus erwachsenden
späteren Nutzen nicht zu groß.

Im einzelnen sind bei Schaffung einer brauchbaren Sterblichkeitsstatistik folgende Gesichtspunkte zu beachten :

1. Zuverlässige statistische Erfassung der eigentlichen Todesursachen.

Zur Aufdeckung des Kausalzusammenhanges zwischen Tod
und Beruf ist eine Gliederung der Sterbefälle nach den eigentlichen Todesursachen wesentlich. Leider fehlt bis heute ein
einheitliches internationales Todesursachenverzeichnis trotz der
Bemühungen auf dem Pariser Internationalen statistischen
Kongreß von 1853. Einen Fortschritt bedeutet es immerhin
schon, daß die Todesursachenstatistik wenigstens für Deutschland seit 1892 bzw. 1906 vereinheitlicht ist, und daß ferner
— was zur Erfassung der durch Berufskrankheiten verursachten
Sterbefälle als besonders wichtig hier hervorgehoben werden
soll! —, nach den Anordnungen des Kaiserlichen Gesundheits-
amts bei Komplikationen die Krankheit unter die Nummer zu
zählen ist, welche das wahrscheinliche Grundleiden bezeichnet,
z. B. bei Nierenentzündung und Herzklappenfehler unter Nr. 173
Herzklappenfehler.

Keinen Wert hat natürlich die Todesursachenaufnahme
durch Laien (Standesbeamte usw.), wie sie größtenteils auch
noch in Preußen geschieht. Nur der Arzt kann im allgemeinen
die wahre Todesursache erkennen — und zwar am besten
wohl der behandelnde Art, der selbst über den Krankheits-
verlauf im einzelnen Falle genau unterrichtet ist und so die
Diagnose besser zu stellen vermag. Also ergibt sich die
Forderung, daß nur ausnahmsweise Laien (Totenbeschauer usw.)
zur Ausfüllung der Rubrik herangezogen werden sollen.

Übrigens lassen die bisher geführten Krankheitsstatistiken
keinen Vergleich miteinander zu, weil bald die Schlußdiagnose,
so beim Berliner Krankenkassenmaterial, bald und in der Regel
die Anfangsdiagnose, so beim Leipziger Krankenkassenmaterial,
bei der Krankheitsbezeichnung in der Statistik maßgebend gewesen ist. Welches Verfahren richtiger ist, soll hier nicht
entschieden, wohl aber im Hinblick auf die Notwendigkeit
einer Vergleichbarkeit der Ergebnisse eine Vereinheitlichung
der Methode verlangt werden.

---

[1] Die hohen Kosten (325 000 Mk.) für die M a y e t sche Bearbeitung
des Materials der Leipziger Ortskrankenkasse erklären sich wesentlich
daraus, daß hier erst die nötigen Unterlagen für eine Krankheits- und
Sterblichkeitsstatistik durch Auszug aus den Registern und Akten be-
schafft werden mußten, eine mühevolle, zeitraubende Arbeit, die bei
fortlaufender Anlage der vorgeschlagenen Individualkarten erheblich
herabgemindert werden würde.

2. Unterscheidungsmerkmale für Bildung gleichartiger Personengruppen.

Die wissenschaftliche Verwendung statistischen Zahlenmaterials erfolgt durch Vergleichung. Ziel einer brauchbaren statistischen Methode muß also sein: die Bildung von vergleichbaren Gruppen, d. h. Gruppen, die wenigstens annähernd gleichartige Beobachtungsobjekte umschließen. Nur so bietet sich, wenn auch lediglich annähernd, die Möglichkeit, den Einfluß des einen oder anderen Faktors (in diesem Falle auf Gesundheit und Leben der erwerbstätigen Bevölkerung) festzustellen, indem eben dadurch gleichzeitig wirkende andere Faktoren ausgeschaltet werden. Die Gruppierung kann natürlich einen verschiedenen Ausgangspunkt haben. Letzten Endes gilt es jedenfalls, von rohester zu immer feinerer Gliederung zu schreiten, den Kreis immer enger zu schließen, so, wie die Größe der Personenzahl (Gesetz der großen Zahl!) und nicht zuletzt auch praktische Gesichtspunkte dies irgend gestatten.

A. Sinngemäfse Abgrenzung des Untersuchungsgebietes.

Von vornherein wird eine sinngemäße räumliche Begrenzung des Untersuchungsgebietes am Platze sein, um eine in Rasse und Klima und damit in Wohn- und sonstiger Lebensweise möglichst einheitliche Bestandmasse zu erhalten. Oft genug gilt es daher, von den politischen Grenzen abzusehen und statt ihrer gewisse natürliche, wirtschaftliche Grenzen zu ziehen, also vielleicht statt Rheinprovinz oder Westfalen das rheinisch-westfälische Industriegebiet usw., statt Baden den Schwarzwald usw., statt des Königreichs Sachsen das Erzgebirge usw. oder sogar nur das Gebiet einer Stadt mit ihren Vororten, wie etwa Leipzig und Umgegend. — Namentlich an den Grenzen des Reichs oder wenigstens dort, wo Rassen von verschiedener Kulturhöhe zusammenleben, wie in Oberschlesien und an der böhmisch-sächsischen Grenze Deutsche und Slaven (Polen oder Tschechen) oder im rheinisch-westfälischen Revier Deutsche, Polen, Kroaten usw., wird eine Trennung nach Rassen auch zugleich im Hinblick auf deren erwiesene verschiedene körperliche Leistungsfähigkeit unvermeidlich sein[1]. Am meisten wurde diesem Standpunkt (in der räumlichen

---

[1] Zu erwägen ist überhaupt eine Unterscheidung nach der Herkunft auch der einheimischen deutschen Bevölkerung, ob in Land oder Stadt (Groß-, Mittel-, Kleinstadt) geboren und aufgewachsen, ob von armen oder wohlhabenden Eltern (deren Beruf weniger als ihr Wohlstand hierbei bedeutsam ist) abstammend. Bei solcher Gliederung wird vielleicht mitunter eine Unterscheidung nach der Rasse hinfällig werden, so wenn sich z. B. die Begriffe landgeboren und slavischer Herkunft einerseits, die Begriffe stadtgeboren und deutscher Abkunft andererseits decken. Stellte also J. Deutsch in den Schriften des Vereins für Sozialpolitik Bd. 134 S. 259—260 fest, daß die bei den Siemens-

Beschränkung) bisher wohl gerecht die in vieler Hinsicht geradezu musterhafte Leipziger Sterblichkeitsuntersuchung an Hand des Ortskrankenkassenmaterials für Leipzig und Umgegend, am wenigsten die englischen und die preußischen Berufssterblichkeitsuntersuchungen, welch letztere unterschiedslos die Bevölkerung des ganzen Landes in ihre Betrachtung ziehen. Nur nebenbei unterscheiden die englischen Untersuchungen zwischen — noch dazu unseres Erachtens unzulänglich begrenzten — Ackerbau- und Industriebezirken.

In zeitlicher Beziehung gilt für die Abgrenzung des Materials ähnliches wie für die allgemeinen Sterblichkeitsuntersuchungen. Die Leipziger Ortskrankenkassenuntersuchung von M a y e t dürfte im Hinblick auf den Wandel unserer Lebensweise im vorigen Jahrhundert mit 28 Jahren den höchstzulässigen Zeitraum (1. Januar 1887 bis Ende April 1905) umspannen, während ein Zeitraum von einem Jahr (1896), wie ihn die B l e i c h e r sche Frankfurter Untersuchung von 1900 faßt hat, mit Rücksicht auf die möglichen Zufälligkeiten (Materialgröße, Klima, Epidemien) zu knapp sein möchte [1].

Anderseits ist eine Abgrenzung des Beobachtungsstoffes insoweit erwünscht, als man die Untersuchungen zu beschränken hätte auf die vorwiegend körperlich tätigen Personen (Arbeiter) mit ihren relativ gleichartigen, statistisch daher leichter erfaßbaren Verhältnissen. Dem ist auch im folgenden wesentlich Rechnung getragen worden. Der Begriff „Arbeiter" ist ein recht mannigfaltiger. Wir pflegen ihn im allgemeinen im sozialen Sinne zu geben, wobei die auch vorwiegend muskuläre Arbeit leistenden Handwerker fälschlich nicht einbezogen werden. Richtig wird er vor allem in diesem Zusammenhange unter physiologischen Gesichtspunkten verstanden, sei es nun, daß bei der Arbeitsweise im einzelnen der Schwerpunkt auf muskulärem Gebiet oder mehr auf nervösem Gebiet liegt wie bei großen Gruppen der modernen Industriearbeiter. Die Beschäftigung der letzteren ist oft genug gerade besonders aufreibend, zumal häufig die physiologisch ungenügende muskuläre Inanspruchnahme reichlich wettgemacht wird durch andere Belästigungen (Geräusch, Geruch und Rauch).

Schuckert-Werken in Wien beschäftigten Slaven lieber körperliche Anstrengung (Schmiedeberuf) oder unqualifizierte Arbeit wählen, so ließe sich für eine andere reindeutsche Fabrikarbeiterschaft gewiß häufig das Gleiche hinsichtlich der landgeborenen überhaupt sagen.

[1] R o s e n f e l d hat in der Statistischen Monatsschrift (Brünn) N. F. 15. Jahrg. (1911) Juniheft S. 512/13, unter anderem sogar gefordert, man solle die berufliche Krankheitsstatistik auch nach Kalenderm o n a t e n bearbeiten im Hinblick auf den verschiedenen Einfluß der Jahreszeiten, ein Moment, dem mindestens für Saisonbetriebe, bald solche mit Sommer-, bald solche mit Wintersaison usw., nicht genügend Rechnung getragen wird bei Wahl der J a h r e seinheit. Die Erfüllung der R o s e n f e l d schen Forderung birgt die Gefahr der Materialzersplitterung in sich und ist im übrigen auch kaum so wichtig, da die ausgesprochenen Saisongewerbe relativ nicht so zahlreich sind.

B. Stellung des Arbeiters als Produzenten im Gewerbe.

Die Einteilung hat ferner stets zu erfolgen im Hinblick auf die zu beobachtenden Personen selbst; denn für alle Untersuchungen über Mortalität wie Morbidität müssen andere Gesichtspunkte als etwa für eine Berufs- und Betriebszählung maßgebend sein; an Stelle der volkswirtschaftlichen, gewerblichen, technischen Gesichtspunkte haben sanitäre zu treten. Jene sind nur zu berücksichtigen, soweit sie das sanitäre Moment bestimmen. Hiernach genügt von vornherein nicht eine Zusammenfassung in große Gewerbegruppen, die sehr verschiedene Gewerbe einschließen[1], auch nicht eine Einteilung nach dem Gewerbe des Unternehmers, in dessen Dienst der Arbeiter steht, wie es meist bei Berufs- und Betriebszählungen geschieht, sondern nach den Beschäftigungsarten des Arbeiters selbst (Individualberuf). Die Berufsbezeichnung allein besagt wenig. Ein Hinweis auf die erhebliche Übersterblichkeit der Uhrmacher in der Schweiz gegenüber der Untersterblichkeit der Uhrmacher in England dürfte genügen. Dort ist eben die Uhrmacherei eine nationale Industrie, sind die Uhrmacher wirkliche Uhrmacher, wesentlich Fabrikarbeiter, in England sind sie vor allem Uhrenverkäufer. So wie in diesem Falle mag es sich oft verhalten und bei der Mangelhaftigkeit der Gliederung des statistischen Materials über Berufssterblichkeit werden dann unter Anwendung aller möglichen Hypothesen die Unterschiede zu erklären versucht. Es wird also zunächst nicht die Sterblichkeit der in der Metallverarbeitung, in der Industrie der Steine und Erde tätigen Personen zu untersuchen sein[2], sondern die der Schmiede, Schlosser, Feilenhauer, Klempner usw., der Steinmetze, Schleifer usw., wobei wieder je nach dem zu bearbeitenden Material (Sandstein, Marmor usw.) zu gliedern wäre[3]. Letztere Einteilung ist insofern von Bedeutung, als z. B. bestimmte Arbeitergruppen, vor allem Handwerker, namentlich in den fabrikmäßigen Be-

---

[1] Werner Sombart hat einmal (Conrads Jahrbücher 1892 S. 103(treffend gesagt: „Industriegruppen sind ziemlich willkürlich hergerichtet, Sammelbüchsen für irgendwie vergleichbare, aber himmelweit verschiedene Industriezweige."

[2] Eine derartige Zusammenfassung könnte im Hinblick auf die große Gleichartigkeit der Verhältnisse allenfalls zulässig sein für die größte Gewerbegruppe: Landwirtschaft, Gärtnerei, Tierzucht, Forstwirtschaft und Fischerei.

[3] Daneben wäre eine Gruppierung je nach der Werkstättenluft (Staubentwicklung, Temperatur, Dünste), nach dem Vorbild des englischen Statistikers Ogle, und nach anderen Berufsschädigungen (Körperhaltung, Arbeitszeit, Unfallgefahr usw.) unter verschiedenen Kombinationen wohl zu erwägen.

trieben anzutreffen sind und unmöglich den jeweiligen Industrien, in deren Dienst sie stehen, zugezählt werden können,
wie es leider die preußische Berufssterblichkeitsstatistik, die
als erster Anfang grundsätzlich zu begrüßen ist, tut.

Auch dem Berufswechsel, der aus den verschiedensten
Ursachen immer zahlreicher wird, muß genügend Rechnung
getragen werden, etwa nach Mayets Vorbild (Leipziger
Untersuchung Bd. 1 S. 12—13)[1], um zu vermeiden, daß in
dem früheren Beruf erworbene, aber erst nachher zum Aus-
bruch gekommene Krankheiten und dadurch verursachte
Sterbefälle dem späteren Beruf zur Last gelegt werden. Auf
der anderen Seite wiegt der Berufswechsel dann weniger
schwer, wenn in dem alten wie neuen Beruf schon die
Maschine den Arbeitsprozeß beherrscht und der Arbeiter hier
wie dort nicht mehr körperlich tätig ist, sondern lediglich
eine vielleicht gar gleichartige Maschine zu bedienen oder nur
zu überwachen hat.

Es genügt des weiteren aber keineswegs eine Gruppierung
nach Betrieben der gleichen Branche, sondern es wird noch
einer solchen etwa in Handwerk und Fabrikbetrieb oder Klein-,
Mittel- und Großbetrieb bedürfen.

Unter anderem wies schon Andreas Voigt (1899 in Schmollers
Jahrbüchern) in der Abhandlung „Gesundheitsverhältnisse im
Groß- und Kleinbetrieb" an Hand eines allerdings mit den
üblichen Mängeln behafteten[2] Beobachtungsmaterials des
Wiener Verbandes der Genossenschaftskrankenkassen (etwa
den deutschen Innungskrankenkassen entsprechend) und der
allgemeinen Arbeiterkranken- und Unterstützungskassen (etwa
den deutschen Betriebskrankenkassen entsprechend) folgendes
nach: 1. Die Morbidität der Fabrikarbeiter ist größer und die
Krankheitsdauer länger als diejenige der Arbeiter des Kleingewerbes. 2. Die Mortalität (auch an Tuberkulose) ist unter
den Fabrikarbeitern größer.

Voigt erklärt die günstigere Stellung des Kleingewerbes
daraus, daß dieses mehr gelernte und daher im allgemeinen
höheren sozialen Schichten entstammende, körperlich deshalb
widerstandsfähigere Arbeiter beschäftige. Außerdem befänden
sich die durchschnittlich jüngeren und unverheirateten kleingewerblichen Arbeiter in relativ besserer ökonomischer Lage

---

[1] Mayet unterscheidet zwischen „Einberufigen", d. h. Arbeitnehmern,
die dauernd einem Beruf angehört haben, und „Wechselberufigen", d. h.
solchen, die zwischen mehreren Berufen gewechselt haben. Die Tabellen
über die Einberufigkeit und die Wechselberufigkeit sind indessen der
Kosten wegen für die Leipziger Untersuchung nicht im Druck erschienen.

[2] Vor allem ohne Berücksichtigung des Individualberufs, wenn
auch anderseits unter Bildung von Altersgruppen (letzterer jedoch nicht
für die einzelnen Krankheiten!).

und lebten meist infolge der noch üblichen Beköstigung im Hause des Meisters solider als die „freien" Fabrikarbeiter. Dann aber werde in den Kleinbetrieben wenn auch, oft länger[1], doch nicht so anstrengend, vielmehr (NB. je weniger Maschinen den Arbeitsrhythmus bestimmen!) gemächlicher ge-arbeitet, was sich aus dem starken Überwiegen der Zeitlöhner im Kleinbetriebe ergibt (in Wien für 73 % aller Arbeiter in Kleinbetrieben mit 1—5 Arbeitern gegen nur 39 % in Groß-betrieben mit über 100 Arbeitern). — Auch in diesem Falle zeigt sich übrigens die Vielfältigkeit (Komplexität) der Einflüsse auf das Arbeiterleben, aber zugleich die bestimmende und Vor-rangstellung des Berufs. Im Übrigen soll dieses Beispiel in Ermangelung eines besseren vor allen dartun, wie notwendig eine Berücksichtigung der Betriebsgrößen usw. bei der sta-tistischen Verarbeitung des Beobachtungsmaterials ist.

In vielen Fällen werden zahlreiche andere Unterscheidungs-merkmale[2] bei Trennung der Klein-, Mittel- und Großbetriebe zugleich mit erfaßt werden, wie die schon erwähnte Arbeits-dauer und -intensität, etwaige Schichtsysteme[3] (so, ob kon-tinuierlicher oder Tagesbetrieb). Dies wäre an sich zur Meidung weiterer Zersplitterung des Materials nur zu begrüßen.

Fast ebenso wichtig scheint und logisch vielleicht sogar voranzustellen ist die Einteilung je nach der örtlichen Lage der Betriebe. Denn es dürfte ceteris paribus wesentlich für die Berufssterblichkeit sein, ob eine Fabrik draußen in der Natur (wie die Maggiwerke) oder in einer freundlichen Klein-stadt oder ob sie mitten im Häusermeer und Dunst einer Großstadt liegt.

C. Außerberufliche Stellung der Arbeiter.

a) Wirtschaftliche Faktoren (der Arbeiter als Konsument): Höhe des Einkommens S. 23; Wohnweise S. 24; Nebenbeschäftigung S. 25; Familienstand und Familiengröße S. 26.

Zu diesen aus der Werkstattumgebung der zu beobachten-den Menschen gewonnenen Unterscheidungsmerkmalen treten solche, die den Personen selbst gewissermaßen anhaften, teils berufliche, teils außerberufliche, die nicht übersehen werden dürfen, um die Verbindungslinie zwischen den einzelnen Ur-sachen und den durch sie hervorgerufenen Wirkungen, in deren Brennpunkt der Mensch steht, zu finden. Hier sei vor allem der Arbeitslohn genannt, gewiß meist die einzige Einkommens-

---

[1] Vielleicht auch dies nicht einmal, wenn man die oft genug statistisch nicht genügend erfaßbaren zahlreichen Überstunden in den Großbetrieben berücksichtigt.

[2] Vgl. die Ausführungen unten S. 68 ff.

[3] Walter Schmitz weist in „Regelung der Arbeitszeit und In-tensität der Arbeit" (Rostocker Diss. 1910) die verschiedene Leistungs-fähigkeit der Arbeiter unter den verschiedenen Schichtsystemen recht exakt für wenige Betriebe der gleichen Branche nach.

quelle des Arbeiters. Eine richtige Gliederung gerade unter
diesem Gesichtspunkte ist weit schwieriger, als es den An-
schein hat, wie später noch deutlicher erkennbar sein wird
(Problem der Lohneinheit!). Von vornherein könnte man vielleicht lediglich an eine Bildung von zwei Klassen, „Zeitlöhner
und Akkordlöhner", denken, indem man stillschweigend letztere
als die mehrverdienenden betrachtet. Indes wie oft sind nicht
gerade die Zeitlöhner sogenannte gehobene bzw. hoch- und
höchstqualifizierte und meistverdienende Arbeiter (z. B. Werkmeister, Monteure, Feinmechaniker), und wie oft ist in manchen
Betrieben technisch oder wirtschaftlich der Zeitlohn oder Akkordlohn überhaupt nicht zulässig oder üblich [1] (so seit Jahrzehnten
im Baugewerbe nicht die Akkordlöhnung, abgesehen von neuer-
lichen Gegenströmungen in Berlin), so daß eine solche Scheidung
zwischen Akkordlöhnern und Zeitlöhnern überhaupt nicht gemacht werden kann. Das Lohnsystem ist also nicht ohne
weiteres entscheidend. Am brauchbarsten dürfte noch die Einteilung in ungelernte, angelernte und gelernte Arbeiter sein, Begriffe, die sich im a l l g e m e i n e n mit schlecht, besser- und
bestentlohnten und ferner auch mit unständigen oder ständigen
Arbeitern decken. Auch dies wäre aus verschiedenen Gründen
nur ein Notbehelf; denn an sich würde die Gliederung der
Arbeiterschaft nach ihrem Lohneinkommen natürlich am besten
an Hand einer brauchbaren Lohnstatistik, die heute so gut
wie ganz fehlt, erfolgen.

Eine gute Lohnstatistik ist so wesentlich, weil der Lohn
in der Mehrzahl der Fälle die ganze Lebensart entscheidend
bestimmt, die Ernährung und nicht zuletzt die Wohnweise,
die ein weiteres wichtiges Unterscheidungsmerkmal abgibt.
Nicht selten werden Berufsschädigungen durch eine gesunde
Wohnung ganz oder teilweise aufgehoben, wie die günstigere
Sterblichkeit der in ländlichen Bezirken wohnenden englischen
Industriearbeiter anzudeuten scheint. Dabei wird man sich nicht
mit einer Gruppierung nach Zahl und Größe der Zimmer zu begnügen [1], sondern wiederum ihre Lage zu berücksichtigen haben.

Die städtische und großstädtische Arbeiterwohnung mag oft
komfortabler sein oder scheinen, der Mangel genügenden Zutritts
frischer reiner Luft, wie ihn die freigelegene Wohnung hat,
wird dadurch nimmer ersetzt und ebenso nicht der Mangel

---

[1] Man pflegt daher direkt von bestimmten Zeitlohn- und bestimmten
Akkordlohngewerben zu sprechen (vgl. die Beiträge zur Arbeitsstatistik
Nr. 4, herausg. vom Kaiserl. Stat. Amt, Abt. für Arbeiterstatistik, „Der
Tarifvertrag im Deutschen Reiche", Bd. II, 1906, S. 124 ff.).

[2] In der Regel hat man sich auch bei Feststellungen über den
Zusammenhang der Gesundheit und Wohnweise auf die Zimmerzahl und
-größe beschränkt und nicht genug der Lage der Wohnung Rechnung
getragen. Doch muß zugegeben werden, daß vielfach die größeren und
daher teureren Wohnungen auch eine günstige Stadtlage haben. Wie
aber steht es bei Vergleichen zwischen Land- und Stadtwohnungen usw.?

eines Stückes Landes, Ackers oder Gartens, der dem Arbeiter
die gesunde, seine Fabriktätigkeit wirksam ergänzende landwirtschaftliche Arbeit[1] in frischer Luft ermöglicht. Es braucht
beispielsweise kaum näher dargelegt zu werden, daß die meist
auf eigenem Grund und Boden sitzenden Saarbrücker Bergarbeiter (vgl. dazu Ernst Herbig, Wirtschaftsrechnungen Saarbrücker Bergleute, Berlin 1913) besser daran sind, als ihre
Kollegen im dichtbevölkerten rheinisch-westfälischen Kohlen-
revier mit seinem umfangreichen Schlafgängerunwesen, mögen
diese auch nominell mehr verdienen. Auf der anderen Seite
kann die Nebenbeschäftigung[2] natürlich auch schädlich wirken,
sei es, daß sie zur Übermüdung führt, oder daß sie an sich
die Gesundheit schädigt, wie die des nebenberuflichen Musikers,
der im schlechtgelüfteten Tanzlokal bis tief in die Nacht hinein
aufspielt. Damit ergibt sich zugleich ein Einblick in die statistisch überhaupt nicht oder unzulänglich erfaßbare, doch so
überaus maßgebliche gesamte Lebensweise[3] der Arbeiter. In
jedem Falle verdient die Nebenbeschäftigung dann weitgehendste
Beachtung, wenn sie tage-, wochen- oder gar monatelang ununterbrochen ausgeübt wird, wie von den Arbeitern in Saisongewerben. Es sei hierbei an die Maurer, besonders aber an
die zahlreichen im Sommer landwirtschaftlich tätigen Heim-
arbeiter Badens und der Schweiz erinnert oder aber z. B. an
die Granitarbeiter im Regierungsbezirk Breslau, die alljährlich
scharenweise die Steinbrüche verlassen, um bei der Kirschen-
ernte lohnende Beschäftigung zu suchen, und dann vor allem
an die in Münchehagen wohnenden und in den Sandstein-
brüchen bei Stadthagen und Osterwald tätigen Arbeiter, die
alljährlich von Juni bis November nach Emden und Geeste-
münde gehen und so ihren früheren ausschließlichen gesundheitsschädlichen Hauptberuf wirksam gegen eine gesunde

---

[1] In der dem letzten badischen Gewerbeaufsichtsbericht beigefügten
Studie über die Einkommens- und Wohnungsverhältnisse der Arbeiter
der Durlacher Maschinenfabrik Gritzner ergab sich allerdings statt der
im allgemeinen beobachteten günstigen Wirkung auf die Verhältnisse
der Lohnarbeiter durch Wohnen auf dem Lande für die rund 1200 (von
2888) in größerer Entfernung von Durlach ansässigen Arbeiter ein ge-
ringeres Maß an Leistung und ein um 15 % kleineres Lohneinkommen.
Dazu war bei den in Durlach und der nächsten Umgebung wohnenden
Leuten der landwirtschaftliche Nebenverdienst geringer als sonst der
städtische. Denn der Ertrag des bäuerlichen Zwergbetriebes ist in der
jetzt üblichen Form wirtschaftlich belanglos. — Anderseits zeigten sich
Landbewohner ohne Eigenbesitz noch weniger leistungsfähig.
[2] und zwar nicht nur die zu Erwerbszwecken, sondern auch turne-
rische, sportliche Betätigung.
[3] Nur ein Ausbau unserer privatwirtschaftsstatistischen Methode
nach Art der v. Rechenberg schen (Die Ernährung der Handweber in
der Amtshauptmannschaft Zittau [1890]) könnte das Dunkel auf diesem
Gebiete erhellen. Es fragt sich nur, wie weit mit ihrer Hilfe Massen-
erhebungen, die doch nötig wären, durchführbar sein würden (Erhebungs-
kosten und Verständnis der Bevölkerung für solche Erhebungen!).

Tätigkeit austauschen. Tatsächlich sollen infolgedessen die
früher zahlreichen Sterbefälle an Lungenschwindsucht und
Lungenentzündung erheblich zurückgegangen sein (Jahresbericht 1898 des Gewerberats für Hannover, Stade Osna-
brück und Aurich). Dazu ist eins zu beachten: Die Nebenbeschäftigung wird dem Arbeiter naturgemäß mehr Einnahmen
verschaffen und damit eine bessere Ernährung und sonstige
Lebensweise ermöglichen. Oft mag allerdings der Nutzen des
Nebenberufs mehr ein eingebildeter als ein wirklicher sein,
vom hygienischen Standpunkt aus betrachtet. Hier bietet sich
noch ein weites Feld der Forschung für unsere Arbeitsphysio-
logen und Privatwirtschaftsstatistiker.

Im engsten Zusammenhang mit der Wohn- und Lebensweise steht der Familienstand. Daß dieser von nicht geringem
Einfluß auf die Lebensweise und damit auch auf die Sterblichkeit ist, leuchtet ein. Karup und Gollmer wiesen in „Die
Mortalitätsverhältnisse des geistlichen Standes nach den Erfahrungen der Lebensversicherungsbank für Deutschland zu
Gotha" (Conrads Jahrbücher für Nationalökonomie und Statistik, N. F. XVI, 1888), für die protestantischen, also meist
verheirateten, Geistlichen eine Untersterblichkeit in allen
Altersklassen, für die katholischen, also unverheirateten, Geistlichen eine erhebliche Übersterblichkeit nach. — Diese Beobachtungen fanden ihre Bestätigung durch die Erfahrungen für
die allgemeine Bevölkerung (verheiratete und unverheiratete
Männer), so nach Rubin und Westergaard, „Statistik der
Ehen" (Jena 1899). An sich kann man natürlich nicht die
gesundheitliche Überlegenheit der Eheleute ohne weiteres allein
als Folge der Ehe und des gegenüber dem Junggesellentum
regelmäßigeren Lebens ansprechen. Denn auf der einen Seite
stellen die Eheleute vielleicht(?)[1] gerade eine Auslese der
körperlich (vielleicht nicht minder materiell) Widerstandsfähigen
dar. Auf der anderen Seite wird oft genug gerade die Ehe
das Wohlbefinden der Verheirateten, besonders der Fabrik-
arbeiterin, erheblich stören. So wird bei einer großen Zahl
versorgungsbedürftiger Kinder namentlich in Arbeiterkreisen
nicht selten die Not einziehen. Außer dem Zivilstand wird
also auch die Größe der Familie (Zahl der noch nicht erwerbstätigen Kinder) als wichtiges Unterscheidungsmerkmal
zu betrachten sein.

b) Physiologische Momente: Geschlecht S. 27. — Alter S. 27 --
Körperliche Beschaffenheit S. 29.

Neben diesen äußeren wirtschaftlichen Unterscheidungsmerkmalen steht als mindestens gleichwichtig die natürliche

---

[1] Die an anderer Stelle empfohlenen Körpermessungen werden ja
auch in diesem für die Zukunft unserer Rasse überaus wichtigen Punkte
manchen wertvollen Fingerzeig geben.

physiologische und damit unmittelbar zusammenhängende sonstige Eigenart der zu beobachtenden Personen.

Letztere sind zunächst vor allem nach Geschlechtern zu sondern — eine Forderung, die im allgemeinen[1] bei allen Sterblichkeits- oder krankheitsstatistischen Untersuchungen beobachtet wird. Dies erklärt sich aus der gar zu augenfälligen und längst festgestellten, teils starken Unterschiedlichkeit zwischen der Sterblichkeit und körperlichen Widerstandsfähigkeit der männlichen und weiblichen Bevölkerung, wie sie besonders schon im ersten Kindesalter und später mit geringer Unterbrechung zu ungunsten des männlichen Bevölkerungsteiles kraß zutage tritt. Mögen hier äußere Einflüsse stärker wirken, als dies heute leider bekannt ist, so haben doch zweifellos anderseits die natürlichen Anlagen von vornherein vielfach entscheidende Bedeutung für die verschiedene Lebensfähigkeit der beiden Geschlechter. Nun hat man sich speziell bei Untersuchungen der Berufssterblichkeit auf die männliche erwerbstätige Bevölkerung beschränkt, so in England und in der Schweiz. Dies ist verständlich, ja geradezu berechtigt, wenn man bedenkt, daß die überwiegende Mehrzahl der Frauen nur vor ihrer Verheiratung, bis zehn Jahre lang, dagegen als Ehefrauen und Witwen in der Regel bloß in der Landwirtschaft und in bestimmten Industriezweigen (so vor allem in der Textilindustrie und im Bekleidungsgewerbe) oder sonst hausindustriell (statistisch oft kaum erfaßbar!) erwerbstätig sind. Ein Blick in die mehrerwähnten M a y e t schen Untersuchungen der Leipziger Ortskrankenkasse (Bd. 4, S. 2—3) zeigt uns für die versicherungspflichtigen weiblichen Mitglieder einen auffallend starken Rückgang der Altersklassenbesetzung schon einige Jahre nach Beginn des Erwerbsalters, vor allem nach dem 25. Lebensjahre. (Siehe die Tabelle auf S. 28.)

Eine Untersuchung der Berufssterblichkeit der Frauen würde hiernach ein Torso bleiben und daher wohl eine cura posterior und dann nur für ausgewählte Bezirke ins Auge zu fassen sein.

Ebenso unbestritten wie die Gruppierung nach Geschlechtern bleibt die Notwendigkeit einer solchen nach dem Alter. Trotzdem ist oft genug auch gegen diesen Grundsatz verstoßen worden. Man erinnere sich nur an die in S o m m e r - f e l d s „Die Schwindsucht der Arbeiter und ihre Ursachen" (1895) und in seinem „Handbuch der Gewerbekrankheiten" (1898) abgedruckten Mortalitäts- bzw. Morbiditätslisten auf Grund des Berliner Ortskrankenkassenmaterials und weiter an Emile V a n d e r v e l d e s Morbiditätsstatistik (für die ja ähnliche Grund-

---

[1] „Im allgemeinen" — aber nicht immer, ja mitunter nicht einmal in der amtlichen Statistik, so noch vor wenigen Jahren nicht in den Mitteilungen des Münchner Statistischen Amtes.

| | Es verteilen sich nämlich | |
| | | |

auf die Altersklasse	die Risikotage	die ein Jahr unter Beobachtung gewesenen Personen
unter 15 Jahren	1 165 140	3 192
15—19 Jahre	30 078 005	82 405
20—24 „	29 929 306	81 998
25—29 „	13 728 620	37 613
30—34 „	6 775 379	18 563
35—39 „	4 326 331	11 853
40—44 „	3 065 640	8 399
45—49 „	2 168 799	5 992
50—54 „	1 514 655	4 150
55—59 „	991 118	2 715
60—64 „	570 640	1 563
65—69 „	287 410	788
70—74 „	110 149	302
75 ff. „	36 114	99
insgesamt:	94 747 306	259 582

sätze wie für die Mortalitätsstatistik gelten) in „Der Neunstundentag im Bergbau und die belgische Enquête über die Arbeiter in den Steinkohlenzechen" (im Arch. f. Sozialwissenschaft und Sozialpolitik, Bd. 29, 1909, S. 125/26) oder an die Morbiditätsstatistik in den sonst so ausgezeichneten Erhebungen des k. k. Arbeitsstatistischen Amtes im österreichischen Handelsministerium über die „Arbeiterverhältnisse im Ostrau-Karviner Steinkohlenrevier", Wien 1906, II. Teil, S. 43 ff. Über die Selbstverständlichkeit jener Forderung belehrt die Einsicht in eine Sterbetafel. Diese zeigt den ungleichmäßigen Verlauf[1] der etwa vom elften bis fünfzehnten Lebensjahre nach und nach zunehmenden Sterblichkeit in den einzelnen Lebensaltern und somit auch, daß die Kenntnis der Altersklassenbesetzung von größter Bedeutung ist. Einen neuentstandenen oder vorwiegend maschinell betriebenen Gewerbezweig werden z. B. im allgemeinen zahlreiche jugendliche Arbeitskräfte zuströmen und eine niedrige Durchschnittssterbeziffer würde hier noch keineswegs besagen, daß die gesundheitlichen Verhältnisse in ihnen besser sind als in einem Gewerbezweig, in dem — wie in den aussterbenden Puddelbetrieben oder Handwebereien — die höheren Alter mit

---

[1] Die Sterblichkeit ist am höchsten im ersten Lebensjahr und überragt hier die allgemeine Sterbeziffer oft um das Zehnfache. Dann nimmt sie rasch ab und sinkt beim dritten bis vierten Lebensjahre auf den Betrag der allgemeinen Sterbeziffer, weiterhin bis zum elften bis fünfzehnten Lebensjahre etwa auf ein Zehntel der allgemeinen Sterbeziffer. Danach steigt sie wieder erst langsam, dann schneller, erreicht mit dem fünfundvierzigsten bis funfzigsten Lebensjahre die allgemeine Sterbeziffer und beim fünfundsiebzigsten bis achtzigsten Lebensjahre die Säuglingssterblichkeit.

an sich entsprechend größerer Sterblichkeit stärker vertreten sind.

Nicht leicht und kaum allgemein zu beantworten ist die
Frage nach der Größe der zu bildenden Altersklassen. Zur
Meidung einer Materialzersplitterung und des Verlustes der
Übersichtlichkeit wird die Bildung von durchschnittlich fünfjährigen Altersklassen genügen. Nur in den jüngeren stärker
besetzten Altern und in Berufen mit großer Mitgliederzahl
wird die Untersuchung noch kleinerer Altersklassen n e b e n
den fünfjährigen, die zum Zweck des Vergleiches der einzelnen
Berufe miteinander nötig sind, am Platze sein. In der mehr-
genannten Bearbeitung des Leipziger Ortskrankenkassenmaterials hat M a y e t (Bd. I, S. 29, 134 ff., und Bd. IV) die
Zahlen berechnet, bei Berufsarten mit beobachteten Personen von

mehr als 35 000 ⎫
  10 001—35 000 ⎬ nach fünf-, zehn- bis zwanzigjährigen
   5 001—10 000 ⎭   Altersklassen,

  2 501—5 000 ⎫ nach zehn- und zwanzigjährigen Alters-
  1 001—2 500 ⎭   klassen,

    201—1 000 ⎫ nach zwanzigjährigen Altersklassen.
    bis 200 ⎭

In der englischen Berufssterblichkeitsstatistik sind zunächst für fünfjährige (Alter 15—19, 20–24), dann für zehn-
jährige (Alter 25—34, 35—44, 45—54, 55—64, 65 ff.) Altersklassen angegeben, außerdem die Standardsterblichkeit für die
g a n z e produktive Lebenszeit (hier allerdings nur umfassend
die Zeit vom fünfundzwanzigsten bis fünfundsechzigsten Lebensjahre), d. h. die Sterblichkeit, die bei einer gewählten gleichen
Altersbesetzung aller in Betracht gezogenen Berufe — hier der
erwerbstätigen männlichen Bevölkerung — zu erwarten wäre.

Zu allen jenen Unterscheidungsmerkmalen, die bisher leider
nur teilweise bei den Arbeiten über die Berufssterblichkeitsstatistik Beachtung fanden, tritt, wenn auch hier zuletzt an-
geführt, als vielleicht wichtigstes die körperliche Beschaffenheit
und Widerstandsfähigkeit der berufstätigen Personen. Die in
der amtlichen Statistik für verschiedene Länder festgestellte
Verschiedenheit der Sterblichkeit mag oft genug auf einer ungenügenden Gliederung des Beobachtungsmaterials, besonders
in Hinsicht der körperlichen Beschaffenheit, beruhen. Ein in
einem Lande blühendes Gewerbe wird dank seinen höheren
Löhnen auch mehr die körperliche Elite[1] der Arbeiterschaft
anziehen, das gleiche aber zurückgehende, dem Aussterben

---

[1] Womit natürlich nicht allgemein die Identität von technischem
Können und körperlicher Widerstandsfähigkeit behauptet werden soll.
wohl aber immerhin der enge Zusammenhang von Körper und Leistung.

gewidmete Gewerbe (z. B. die Haus-, Handweberei) in einem
anderen Lande wird infolge seiner schlechten Löhne gering-
wertigere Arbeitskräfte aufnehmen. Will man erfahren, wie ein
Beruf die Menschen, die ihn erwählen, körperlich verbraucht,
so muß man, wie schon wiederholt betont ist, zunächst wissen,
in welchem Körperzustand sie sich beim Berufseintritt be-
funden haben. Nun ist oft hervorgehoben worden, daß jeder
Beruf die Menschen, deren er bedarf, sich nach den An-
sprüchen an die Körperkräfte gewissermaßen selbst aussucht
oder umgekehrt. Würde dies allgemein richtig sein, so wäre
man wenigstens ungefähr unterrichtet über die körperliche
Qualifikation der einzelnen Arbeitergruppen. Indes trifft solches
nur bis zu einem gewissen Grade zu. Es gilt beispielsweise
für Berufe, die besonders große Körperkräfte[1] für nahezu jeden
einzelnen Arbeitsakt erfordern, wie das Schmiedehandwerk.
Hier muß ein bestimmtes Maß von Muskelkraft vorhanden
sein, ohne das eine Ausübung des Berufs von vornherein unmöglich ist. Wie aber steht es mit Berufen, die nur mühelos
zu sein scheinen, wenn man den einzelnen Arbeitsprozeß
betrachtet, während die Gesamtheit der in ihm vorhandenen
Schädlichkeiten für die Gesundheit übersehen wird? Ihnen
wenden sich oft gerade von Natur Schwache und Bresthafte
zu, so der Tabakindustrie. Im übrigen steht zur Genüge fest,
mögen die Verhältnisse auch in den einzelnen Gewerben und
Gegenden verschieden liegen, daß in den meisten Fällen bald
die Tradition (Wahl des väterlichen Berufs), bald der Wunsch
der Eltern, bald die Not oder Laune und nicht zuletzt Rück-
sichten auf die Eitelkeit und den Hochmut unserer Gesellschaft[2] den jungen Menschen in seiner Berufsfrage entscheidend bestimmen[3]. Hier wie dort, wo die Berufsfrage nach
freier Neigung[4] erfolgt, geschieht sie nur zu oft, wenn nicht
in der Regel, ohne die notwendige Prüfung der Frage, wie weit
den geistigen und körperlichen beruflichen Anforderungen vor-
aussichtlich wird genügt werden können, es sei denn, daß

---

[1] Das Vorhandensein großer Körperkräfte ist außerdem nicht immer
identisch mit Gesundheit. Es können innere organische Fehler vorliegen.

[2] Sie trägt, wie Alfred v. Lindheim in „Saluti senectutis" S. 502
treffend hervorhebt, Schuld an der Überfülluug so vieler Berufe.

[3] „Der ganze Plan unserer Jugenderziehung", sagt Hugo Münster-
berg in ‚Psychologie und Wirtschaftsleben' (1913) S. 26, „führt ja den
Einzelnen wenig dazu hin, sich selber zu finden und das bloße Interesse
für das eine oder andere Schulfach ist oft durch so viel Lebensumstände
beeinflußt, durch den Lehrer oder die Unterrichtsmethoden, durch Um-
gebungseinflüsse und häusliche Traditionen, daß selbst aus solcher Vor-
liebe nur wenig Endgültiges über die individuelle Geistesbeschaffenheit
herausgeholt werden kann."

[4] Mehr nach freier Neigung erfolgt die Berufswahl bei gelernten
Arbeitern (vgl. Bernays in Bd. 133 der Schriften des Vereins für
Sozialpolitik S. 130/31).

eine körperliche Untersuchung von amtswegen verlangt wird, wie für die Offiziers-, Steuerbeamten-, Bergarbeiterlaufbahn. Auch die Untersuchungen des Vereins für Sozialpolitik über Auslese und Anpassung (Berufswahl und Berufsschicksal) der Arbeiterschaft in der geschlossenen Großindustrie (Schriften des Vereins Bd. 133 ff.) haben dies vollauf dargetan.

Eine gewisse Aussonderung nach körperlichen Eigenschaften ließe sich erreichen, wenn wenigstens zwischen militärtauglichen und nicht militärtauglichen Arbeitern unterschieden werden würde. Natürlich wäre dies nur ein Notbehelf; denn bei der Entscheidung über die Militärdiensttauglichkeit sind letzten Endes doch wesentlich militärpolitische Interessen (der Heeresersatzbedarf) maßgebend[1]. Weiter ist Militärdienstuntauglichkeit an sich noch kein Zeichen geringerer körperlicher Widerstandsfähigkeit, so nicht bei einer leichten körperlichen Mißbildung, die für das Wohlbefinden belanglos ist (z. B. Schielen, Plattfüße, Anomalien an den Fingern), obwohl sie militäruntauglich macht — wenigstens nach der deutschen Heeresordnung. Das Beste wäre zur Erfassung des Körperzustandes, besonders der Arbeiterschaft, die wir ja hier fast nur im Auge hatten, zunächst eine ärztliche Untersuchung vor Aufnahme der Berufstätigkeit (gegebenenfalls durch den mit der körperlichen Entwicklung des betreffenden Kindes vertrauten Schularzt) und Ausfertigung einer Gesundheitskarte, die zweckmäßig periodisch[2] — besonders bei dem in der Arbeiterschaft so häufigen Berufs-. wechsel — zu ergänzen sein würde[3].

Der Gesundheitsbegriff dürfte übrigens nicht einheitlich für alle Berufe zu fassen sein im Hinblick auf die verschiedenen Anforderungen an die Körperkräfte. Doch ist dies

---

[1] Wie durch die Art der Aushebung eine Verschiebung in den Tauglichkeitsprozentsätzen entstehen kann, zeigt die Weisung des schweizer Militärdepartements an die Untersuchungsbehörde im Jahre 1906, nicht zu rigoros vorzugehen, vor allem die Tuberkuloseverdächtigen fernzuhalten, aber da, wo Wunsch und Wille zur Dienstleistung vorhanden sei, womöglich auf Tauglichkeit zu erkennen (nach dem Archiv für Rassen- und Gesellschaftsbiologie Bd. IV, 1907, S. 425). Vgl. ferner die treffende Bemerkung Max Serings im Archiv des deutschen Landwirtschaftsrats 1910 S. 678/79.

[2] Dies, weil aus den Erfahrungen der Lebensversicherung (Germania und Gothaer Lebensversicherungsbank u. a.) die kurze Wirkung der ärztlichen Auswahl für zahlreiche Krankheiten bekannt ist, so hinsichtlich der Lungenschwindsucht, der Krankheiten des Zentralnervensystems.

[3] Vgl. auch die analogen Vorschläge des Generalarztes v. Vogl in „Die wehrfähige Jugend Bayerns" S. 69/70 zur Erforschung der physischen Werte unseres Volkes, besonders der wehrpflichtigen Jugend: Aufnahme biographischer Skizzen durch Schulärzte, welche alles enthalten, was zur Feststellung des individuellen, gesundheitlichen Lebens der Schüler zu wissen nötig ist als Geburtsort, Ernährung, Entstehung von Krankheiten, Objektivbefund usw. Weitergabe der Skizzen an Ärzte der Reserve zur Prüfung und weiteren Verarbeitung.

eine medizinische Frage, die hier nicht zu beantworten ist. Es genügt, sie, weil bedeutsam, erwähnt zu haben.

Auf jeden Fall müßten — es scheint hier die richtige Stelle, dies hervorzuheben! — die nicht mehr erwerbstätigen Personen den Erwerbsgruppen, denen sie während der produktiven Periode angehört haben, der Gleichmäßigkeit und Vollständigkeit wegen zugezählt werden, da in Berufen mit guten Altersfürsorgeeinrichtungen (bergbauliche Knappschafts- und Pensionskassen) Personen schon als „invalide" behandelt zu werden pflegen, die in anderen Berufen noch ihrem Erwerbe nachgehen müssen. Die letzte englische Berufssterblichkeitsstatistik hat demgemäß die nicht mehr Erwerbstätigen (retired) einbezogen.

Unvollkommen wird die ärztliche Untersuchung insofern stets bleiben, als sie meist die persönliche Neigung für den erwählten Beruf gar nicht oder ungenügend „objektiv" erkennen und feststellen kann. Und doch wäre dies so wichtig, da gerade die Unzufriedenheit mit den Berufsaufgaben, die bei leider so vielen Menschen vorhanden ist, Störungen des Nervenlebens und ihre Folgeerscheinungen erklären würden, an denen im Grunde genommen der Beruf keine Schuld trägt. Den Mißmutigen, Unzufriedenen strengt die Arbeit von vornherein mehr an und schädigt ihn bei dem engen Zusammenhang zwischen seelischem und körperlichem Befinden ebenfalls mehr als den mit der gleichen Arbeit Zufriedenen, durch sie Beglückten, sofern sich dieser wiederum in seinem Eifer nicht überanstrengt. Das weiß wohl jeder reifere Mensch aus eigener Erfahrung. Auch in diesem Punkte sehen wir die Unzulänglichkeit aller menschlichen Erkenntnis und damit auch jeder statistischen Methode [1].

Auf Grund des beschafften ärztlichen Gesundheitskartenmaterials (Individualstatistik, wie sie in den Leipziger Untersuchungen durchgeführt ist), das in der oben näher behandelten Weise zu gruppieren wäre, ließen sich dann (um dies hier noch einzuschalten) Sterblichkeitslisten aufstellen, die uns zugleich die Möglichkeit einer Berechnung der mittleren — auch der produktiven — Lebensdauer als reziproken Werts der Sterbeziffer und zugleich einwandfreiesten Bildes der Gesamt- bzw. späteren Sterblichkeit gäben.

---

[1] Vielleicht kann die Lücke wenigstens teilweise ausgefüllt werden durch Untersuchungen wirtschaftspsychologischer Anstalten, die entsprechend den Untersuchungen des Amerikaners Frederic W. Taylor an Angestellten großer amerikanischer Unternehmungen die Kinder, die Schule oder sonstige Lehranstalten verlassen, daraufhin prüfen, wofür sie sich durch ihre geistigen Fähigkeiten und Neigungen besonders eignen. — Mit der Verwirklichung dieses Gedankens hat Professor D ü c k an der Handelshochschule in Innsbruck mit gutem Erfolge, wenigstens für Europa, den Anfang gemacht.

3. Notwendigkeit einer weiteren Verfeinerung der statistischen Technik und Methode trotz der unter Umständen bestehenden Gefahr zu großer Materialzersplitterung.

Vorstehend ist versucht worden, diejenigen methodologischen Forderungen zusammenzufassen und zu begründen, die nach Ansicht des Verfassers unbedingt erfüllt werden müßten, um zu einer brauchbaren Berufssterblichkeitsstatistik zu kommen d. h. (um dies nochmals zu betonen!) zu einer Statistik, die den Einfluß des Berufs auf die Sterblichkeit möglichst nachweist, nicht nur wie bisher die Sterblichkeit nach Berufen dartut.

Der Hauptfehler des bisherigen Verfahrens besteht vor allem darin, daß man zur Meidung größerer Mühe weniger gründlich war und so gleichzeitig wirkende Einflüsse ungenügend ausschaltete, z. B. bei der Untersuchung des Zusammenhangs zwischen Sterblichkeit und wirtschaftlicher Lage in einer Stadt sich mit der Gruppierung der Straßen und ihrer Bewohner nach dem durchschnittlichen Einkommen begnügte, während die verschiedene Berufstätigkeit und anderes einfach außeracht gelassen wurden.

Der Einwand liegt nahe, daß, abgesehen von den Schwierigkeiten der Durchführung der Forderung ärztlicher Gesundheitskarten, bei Anwendung der vorgeschlagenen Methode das Material zu sehr zersplittert würde und damit gegen das Gesetz der großen Zahl[1] verstoßen werden würde. Auf ihn ist folgendes zu erwidern:

Allerdings ist diese Gefahr vorhanden für schwächer besetzte Berufe, keinesfalls aber für die größeren und größten Berufe. Man denke an die landwirtschaftlichen Arbeiter, Steinkohlenhauer usw., an die zahlreichen Handwerker, Baugewerbe und bestimmte Arbeitergruppen, die schon in einzelnen unserer vielen Riesenbetriebe (Krupp, Allgemeine Elektrizitätsgesellschaft, Werftbetriebe) zu Hunderten, wenn nicht Tausenden, vertreten sind, und bei Beschränkung auf einen solchen Betrieb mitunter vielleicht schon allein genügendes Beobachtungsmaterial liefern würden. Es wäre schon von großem Wert, besonders für den Anfang, wenn wenigstens für unsere großen Berufsgruppen mit Hilfe der statistischen Methode einmal der Zusammenhang zwischen Sterblichkeit und Beruf und zugleich wohl noch manchem anderen sozialen Faktor (Wohnweise, Lohn usw.) leidlich einwandfrei nachgewiesen würde. — Sollte das Material aber tatsächlich eine so weitgehende Zerlegung wie vorgeschlagen (Mängel der Vorschläge im einzelnen selbstverständlich zugegeben!) nicht vertragen, so wäre eben der

---

[1] Bortkiewicz hat übrigens auch ein Gesetz der kleinen Zahl aufgestellt.

statistische Nachweis eines Einflusses des Berufs und anderer Faktoren auf die Sterblichkeit überhaupt unmöglich [1]. Antwort kann hier nur ein praktischer Versuch geben. Bis heute fehlt ein solcher. Gegebenenfalls sollte wenigstens ein Anfang für einen kleineren Bezirk oder Großbetrieb (Krupp) mit annähernd gleichartiger Arbeiterschaft und eventuell unter Beschränkung auf einige Hauptpunkte (Alter, Geschlecht, Familienstand, Militärdienstpflicht — als Notbehelf —, Individualberuf, Lohn- höhe) gemacht werden.

Im übrigen dürften die aufgeführten Unterscheidungs- merkmale sogar noch nicht einmal vollständig sein; vielmehr werden gewiß die experimental-psychologischen Forschungen Kraepelins und seiner Schüler, die ja auch gewissermaßen mit den Anstoß zu den sehr wertvollen erwähnten Untersuchungen des Vereins für Sozialpolitik über Auslese und Anpassung unserer Industriearbeiterschaft gaben, zusammen mit den zu erwartenden Beobachtungen an den entstehenden arbeiter- physiologischen und wirtschaftspsychologischen Anstalten in Paris, Newyork, Budapest, Innsbruck usw. noch manchen Fingerzeig zur Verfeinerung der statistischen Technik und Methode auch auf bevölkerungsstatistischem Gebiet liefern.

---

[1] „Man muß immer weiter das Material trennen, solange bis man Gewißheit hat, daß alle anderen Ursachen eliminiert worden sind, bis auf diejenigen, die man eben betrachten will", sagt auch Westergaard in seinem Aufsatz „Sterbetafeln auf Grundlage individualer Beobach- tungen" in Conrads Jahrbüchern Bd. 33 (1879) S. 189. Körösi hatte demgemäß schon längst in Budapest Individualregister angelegt.

Zweiter Teil.

Die Arbeitspreisstatistik (Lohnstatistik).

Nachdem im vorigen Teil hinsichtlich der Statistik über die Berufssterblichkeit nach der besten Methode gesucht worden ist, soll im folgenden ein gleiches bezüglich der Lohn-statistik geschehen. Dabei wird wiederum eine knappe Dar-stellung der vorhandenen lohnstatistischen Literatur voraus-geschickt, indem das Material nach der Auskunftsstelle, d. h. je nachdem die Auskunft über den Arbeitsverdienst vom Arbeitgeber oder vom Arbeitnehmer oder von beiden stammt, gegliedert werden soll.

Erster Abschnitt.

Die bisherige Lohnstatistik.

Im Grunde sollte die Lohnstatistik schon eine Preis-statistik der Arbeit sein. Wenn sie dies gleichwohl bis heute noch nicht ist, so dürfte letzten Endes Schuld daran tragen nicht nur die Schwierigkeit, eine richtige Methode zu finden, sondern auch und vielleicht noch mehr der Umstand, daß unsere gesamte Gewerbepolitik noch zu sehr reine Produktions-politik ist. Während die Produktion, wie Zeitlin sich aus-drückte, „Magd des Konsums" sein sollte, da „unsere wirt-schaftlichen Ideale nicht in irgend einem System der Güter-erzeugung zu suchen sind, sondern sich dem aus einer Welt-anschauung gewonnenen Ideal der Lebensführung anzupassen und unterzuordnen haben", bildet heute die Produktion überall den Ausgangspunkt. Ihre gedeihliche Entwicklung und ins-besondere die wachsende Industrialisierung wurde ohne weiteres als ein Fortschritt des allgemeinen Volkswohls betrachtet. Man übersah und übersieht, daß „die Industrie als solche nicht Krafterparnis, sondern ‚Kostenersparnis' erstrebt, und daß die Wege, auf denen sie diese erreichen kann, keineswegs immer mit der Entwicklung zum physiologisch Rationalen zusammen-fallen, daß vielmehr aus den allerverschiedensten Gründen die Entwicklung zum ökonomischen Optimum der Kapitalverwertung von der Entwicklung zum physiologischen Optimum der Kraft-

3*

verwertung divergieren kann"[1]. So wird man — um nur ein
Beispiel zu nennen — den ganzen Prozeß der Herstellung von
Zündhölzern aus Weißphosphor unproduktiv nennen dürfen,
unter physiologischen, nicht privatökonomischen Gesichtspunkten im Hinblick auf die gesundheitlichen Schädigungen
(Phosphornekrose), also trotz des etwaigen Minderverbrauchs
an Arbeit und Kapital gegenüber anderen Verfahren der Zünd-
hölzerfertigung. — „Der bloße Hinweis, daß die Entwicklung
der Technik bestimmten Postulaten der physiologischen Kräfte-
ökonomie entsprochen habe, genügt also in keinem Falle"
(Max Weber a. a. O.). Mögen Arbeitgeber und Arbeitnehmer
auch viel Gemeinsames haben, so wird doch häufig ein Wider-
streit der Interessen des Produzenten, der im internationalen
Wettbewerb steht und dadurch zur Wahrnehmung jedes ökonomischen Vorteils, also nicht zuletzt der Lohnersparnis, gezwungen ist, und seiner Arbeiter als Konsumenten vorliegen.
Daraus erklärt sich ohne weiteres beider Parteien verschiedener
Standpunkt zu den Aufgaben der Lohnstatistik.

1. Lohnstatistiken nach Angabe der Arbeitgeber.

A. Freiwillige Mitteilungen: Veröffentlichungen der privaten
Arbeitgeber bzw. ihrer Verbände (S. 37), der öffentlichen Arbeitgeber
(S. 38), von dritter Seite [amtliche zentralstatistische Organe des Inlandes
(S. 38) und des Auslandes (S. 39), andere staatliche Organe (S. 42),
städtische Organe (S. 43), private Veröffentlichungen (S. 43)].

Der Unternehmer wird den Lohn im allgemeinen lediglich
als einen Teil der Produktionskosten betrachten. Ihn wird
daher fast ausschließlich die ganze Lohnsumme, ihr Verhältnis
zu den gesamten Produktionskosten oder der Anteil des Lohnes
an den Herstellungskosten für die einzelnen Teilstücke und
die fertigen Waren interessieren, nicht aber oder nur sehr
bedingt die Verteilung des Lohnes auf die einzelnen Arbeiter
oder die einzelnen Arbeitergruppen. Dies jedenfalls nicht,
solange ihm noch die genügenden Arbeitskräfte von allen
Seiten zuströmen, was im ganzen für die ungelernte Arbeiterschaft zutrifft und teilweise auch für die gelernten Arbeitskräfte, die infolge des Vordringens der Maschinenarbeit in
wachsendem Maße durch bloß angelernte ersetzt sind[2]. Ihm
daraus ohne weiteres einen Vorwurf zu machen, wäre töricht
und hieße „den einzelnen verantwortlich machen für Verhältnisse, deren Geschöpf er sozial bleibt, so sehr er sich auch

---

[1] Max Weber in „Erhebungen über Auslese und Anpassung (Berufswahl und Berufsschicksal) der Arbeiterschaft der geschlossenen
Großindustrie" Vorwort S. 20.

[2] Selbst in der Buchdruckerei mit ihrer musterhaften Gehilfen-
organisation wird die Verdrängung zahlreicher gelernter Arbeiter durch
die Maschine (neuerdings die Schnellsetzmaschine) kaum für die Zukunft
aufzuhalten sein.

subjektiv über sie erheben mag". So widmete, um nur ein
Beispiel zu nennen, der Verein für die bergbaulichen Interessen
im Oberbergwerksbezirk Dortmund noch in seinem 78 Seiten
umfassenden Jahresbericht für 1895 bei einer Arbeiterschaft
von damals schon 150 000 Mann der Lohnstatistik unter Darstellung des Durchschnittslohnes für drei recht ungenügend
gebildete Gruppen nur z w e i Seiten. Dies spricht — wenigstens rein äußerlich betrachtet — nicht gerade für ein großes
Interesse.

Gleichwohl hat eine Anzahl Firmen schon lange Lohn-
bögen und Lohnbeobachtungen für jeden einzelnen Arbeiter
durchgeführt. Indes erfuhr die Öffentlichkeit von diesen Lohnstatistiken kaum etwas. Nicht minder werden die lohnstatistischen Aufnahmen, die von zahlreichen im Kampf gegen
die Arbeitnehmerverbände entstandenen Arbeitgeberorgani-
sationen unternommen sind, meist sehr geheimnisvoll behandelt, zum Teil aus vielleicht erklärlichen geschäftlichen
Gründen. Sie fußen meist auf besonderen Lohnerhebungen,
sind also eigentlich keine alle Löhne und Arbeiter umfassende
und regelmäßig vorzunehmende Lohnstatistiken [1]. Es seien
hier genannt die Statistiken des Arbeitgeberverbandes der
nordwestlichen Gruppe des Vereins deutscher Eisen- und
Stahlindustrieller, des Arbeitgeberverbandes von Remscheid
und Umgebung, des Verbandes sächsisch - thüringischer
Webereien, ferner die Lohnschätzungen bzw. die Lohn s a t z -
angaben der Bauarbeitgeberverbände, sowie besonders die
fortlaufenden Erhebungen verschiedener Verbände von Metall-
industriellen über sämtliche Löhne sämtlicher Arbeiter in
sämtlichen Verbandsbetrieben — Erhebungen, die nach dem
Muster des Verbandes bayrischer Metallindustrieller gestaltet
sind. Der Syndikus des letzteren, Z a h n b r e c h e r , gibt in
seiner Schrift „Lohnstatistik" (1913) in dankenswerter Weise
einen Einblick in die lohnstatistischen Methoden der Arbeitgeber
und ihrer Organisationen und betont u. a. auch die Notwendigkeit für die Arbeitgeber, mit ihren lohnstatistischen Arbeiten
in die Öffentlichkeit zu treten.

Gerade die vorbildlich gewordene Lohnstatistik des Verbandes bayrischer Metallindustrieller ist — was die Art der
Erhebung anbelangt — methodologisch so korrekt, als man
es bei dem gegenwärtigen Stand der Methodenfrage nur verlangen kann. Es werden seit 1911 regelmäßig die sämtlichen
wirklichen Löhne sämtlicher Arbeiter sämtlicher Verbands-
firmen periodisch erhoben und die Löhne unter Errechnung
von Durchschnittsstundenlöhnen nach dem Geschlecht und

---

[1] Zur wirklichen Statistik gehört aber Regelmäßigkeit der Beobachtungen (vgl. u. a. den Artikel „Statistik" von L e x i s im Handwörterbuch der Staatswissenschaften Bd. VII, 3. Aufl. 1910). Nur auf
solche ist daher e i g e n t l i c h der Ausdruck Statistik anzuwenden.

nach der Dauer der Beschäftigung (Vollarbeiter und Teilarbeiter) und der Art der Entlöhnung (Zeitakkord, gemischter Verdienst) gruppiert. Eine weitergehende Ausnützung wäre möglich, namentlich in Hinsicht des Alters der Arbeiter. Letzteres Moment wird ja leider fast allenthalben in der Lohnstatistik gar nicht oder recht unvollkommen berücksichtigt.

Zweifellos könnten gerade die Arbeitgeber ein lücken-loseres Material beibringen als irgend eine andere Stelle und auf Grund ihrer Lohnlisten sind auch bereits brauchbare Individuallohnstatistiken, richtiger Lohnerhebungen, mehrfach von privater wie amtlicher Seite durchgeführt worden.

Besonders erwähnt werden darf, daß in Deutschland reichs- und bundesstaatliche wie städtische Behörden in ihrer Eigenschaft als öffentliche Arbeitgeber die Lohnstatistik pflegen. Reichsmarineamt und Heeresverwaltung sowie die Reichspost- und -telegraphenverwaltung liefern dem Reichstage jährlich Lohnübersichten für ihre Betriebe. An den Statistiken der Reichsmarine und -heeresverwaltung ist beachtenswert die grundsätzlich korrekte Berechnung der durchschnittlichen Ver-dienste für ein Tagewerk (Unterscheidung von normalen und Überstunden), mag auch die Arbeiterschaft unzulänglich nach den Beschäftigungsarten und gar nicht nach dem Alter gruppiert sein. Ferner gehören hierhin u. a. die einschlägigen lohnstatistischen Berichte der bayrischen Posten und Tele-graphen, der württembergischen Verkehrsanstalten und die der verschiedenen bundesstaatlichen Eisenbahn- und Forst-verwaltungen. Bei den in Bd. 9 der „Beiträge zur Arbeits-statistik" des Kaiserlich statistischen Amts veröffentlichten Ergebnisse der von der Konferenz Deutscher Städtestatistiker angebahnten Erhebungen über Arbeitslohn und Arbeitszeit der Gemeindearbeiter in 54 (am 1. März 1902) bzw. 34 (am 1. Juli 1907) Gemeinden handelt es sich lediglich um eine Lohnsatz-, nicht Arbeitsverdienststatistik.

Auf den freiwilligen Angaben der Arbeitgeber fußen die Mitteilungen staatlicher Organe, die sich auch auf Arbeiter-schichten beziehen, die teils in privaten, teils in staatlichen Unternehmungen beschäftigt sind. Letzteres ist der Fall bei den seit 1888 vierteljährlich erscheinenden Übersichten (heraus-gegeben von der preußischen Bergbauverwaltung) über die Bergarbeiterlöhne in den Hauptbergbaubezirken Preußens (Zeit-schrift für Berg-, Hütten- und Salinenwesen und Reichsarbeits-blatt). Es werden angegeben die Durchschnittslöhne pro Schicht (nicht pro Tag) und Jahr, wobei die höher bezahlten Überstunden –– genau genommen inkorrekterweise! –– ein-fach mit einbezogen, alle persönlichen und sachlichen Neben-kosten (Versicherungsbeiträge [1] sowie Arbeitsgezähe und Ge-

---

[1] Die sonst weniger brauchbare sächsische Bergarbeiter Lohn-statistik zieht durchaus treffend die Versicherungsbeiträge n i c h t ab.

leuchte) abgerechnet, wirtschaftliche Beihilfen außer Betracht bleiben. Die Bergarbeiterschaft ist hier in weitgehender Weise bereits gegliedert: nach den einzelnen geographischen Bezirken, nach Bergbauarten (Erz-, Steinkohlen-, Braunkohlenbergbau usw.), nach der Beschäftigung in unterirdisch beschäftigte, nur erwachsene männliche, eigentliche Bergarbeiter, unterirdisch beschäftigte sonstige Arbeiter, über Tag beschäftigte Arbeiter, wobei wiederum Erwachsene und Jugendliche, unter 16jährige männliche Arbeiter und weibliche Arbeiter unterschieden werden. Seit 1909 erscheinen auch für andere deutsche wichtige deutsche Bergbaubezirke solche Lohnübersichten.

Zweifellos zählen diese Bergarbeiterlohnstatistiken, soviel sie auch zu wünschen übrig lassen, zu den relativ besten, die wir haben. Nach den von P i e p e r (Die Lage der Bergarbeiter im Ruhrrevier, 1903) wiedergegebenen Arbeiteraussagen sollen die Werkleitungen vielfach die Überschichten nicht mitgeteilt haben, damit der Durchschnittslohnschicht höher ausfalle als er in Wirklichkeit ist. F e i g hält diese Behauptung, die sich natürlich nur an Ort und Stelle auf ihre Richtigkeit hin prüfen ließe, für unwahrscheinlich (S. 803 „Statistik des Arbeitslohnes und der Lebenshaltung" in Mayrs Ehrengabe „Statistik in Deutschland" Bd. II, 1911).

Durch Übertragung des in den Arbeitgeberlohnbüchern enthaltenen Materials auf Personalblättchen gewann die Senatskommission für die Prüfung der Arbeitsverhältnisse im Hamburger Hafen für 1895/96 einen Einblick in die Lohnverhältnisse der Hafenarbeiter. Die Kommission beschränkte sich auf bloße Erfassung des tatsächlichen Tagesverdienstes und kam so, indem sie auf die kurze und unregelmäßige Beschäftigungsdauer der Hafenarbeiter als solcher keinerlei Rücksicht nahm zu Ergebnissen, die keinen Vergleich mit den Löhnen ständig beschäftigter Arbeiter gestatten.

Es kann schon in anbetracht der ungeheuren Stoffülle auf die a u s l ä n d i s c h e lohnstatistische Literatur nicht näher eingegangen werden. Immerhin muß wenigstens der amtlichen kurz Erwähnung getan werden, da sie mancherlei Eigenartiges zeigt und sehr vielfach der amtlichen deutschen überlegen ist. Wenigstens gilt dies von der angelsächsischen, belgischen und auch teilweise der französischen amtlichen Lohnstatistik. Vor allem weisen die Vereinigten Staaten von Nordamerika im Gegensatz zur deutschen nationale Lohnermittelungen, und zwar nicht nur für einzelne Berufe, auf. Fast ausnahmslos beruhen sie auf den Angaben bzw. meist Lohnlisten der Arbeitgeber. Soweit dies nicht der Fall ist, wird es später noch zur Sprache kommen. Hier sei nur bemerkt, daß das amerikanische Zensusamt die Daten für den 19. Bericht, betreffend „Wages and hours of labour" für 1890—1903, außer den Lohnlisten auch anderen brauchbaren Quellen entnimmt.

Die englischen Lohnerhebungen, unter denen die von 1886 und 1906 hervorragen, charakterisieren sich wesentlich als Lohnsatzstatistiken, indem z. B. 1886 die Arbeitgeber — im wesentlichen für fünf große Industrien — befragt wurden nach den „üblichen wöchentlichen Lohnsätzen (ausschließlich Überarbeit), die wirklich verdient worden sind, in einer Woche des Oktober 1886, nach der Zahl der in dieser Woche wirklich beschäftigten Personen, getrennt nach der Berufsart, dem Geschlecht und nach Erwachsenen und Jugendlichen (männliche bis 20-, weibliche bis 18jährige), sowie unter Angabe, ob es sich um Zeit- oder Stücklohn handelt." Nicht gefragt wurde, wie lange der einzelne im Durchschnitt in einem Betrieb tätig war. 1906 wurde dagegen der tatsächliche Lohn in einer bestimmten Woche, also einschließlich des Überstundenverdienstes, erhoben, aber daneben, um einen Vergleich mit den normalen Löhnen von 1886 zu ermöglichen, die Arbeiter für die letzten Septemberwochen 1906 gegliedert in solche, die die normale Arbeitszeit hatten (the ordinary hours constituting a full week) und solche, die je nachdem mehr oder weniger als die normalen Arbeitsstunden arbeiteten. — Interessant bleibt noch die in den „besonderen Übersichten" enthaltene Darstellung von Durchschnittslöhnen der männlichen erwachsenen Weber eines kleinen einheitlich geschlossenen Bezirks wie Rochdale usw., die eine bestimmte Zahl von Webstühlen bedienen.

Die englischen Untersuchungen klärten nur für einen Teil der Industrie die Lohnverhältnisse auf, da die angegebenen Fragebogen in erheblicher Zahl unbeantwortet geblieben waren. Die amerikanischen (U. S. A.) amtlichen Organe (Arbeitsamt und Zensusamt) begnügten sich von vornherein mit Erhebungen für „typische" Betriebe (repräsentative Methode). Gefragt wurde bald nach dem Lohnsatz oder Durchschnittsverdienst aller Klassen, möglichst in den letzten dreißig Jahren usw. (so 1880), bald nach den Löhnen für eine Woche (welche?) (so 1895), bald nach den wirklich — meist in der normalen, nicht in der tatsächlichen Arbeitszeit — verdienten Wochenlöhnen des einzelnen Arbeiters je für den gleichen Zeitraum in den Jahren 1890—1900 (so 1900), bald nach den berechneten durchschnittlichen Stundenlöhnen und wöchentlichen Arbeitszeiten je in einer „representative time" (bei normalen Betriebsverhältnissen) jedes Jahres von 1890—1903—1907. Hervorgehoben zu werden verdient noch, daß in dem 1892 verfaßten Bericht des Finanzkomitees (Mr. Aldrich) „Retail prices and wages" vom 1. Juni 1889 bis 1. September 1891 Professor Falkner Lohnmeßziffern (Lohnindexziffern) berechnete. Es wurden hierzu die der Mehrzahl der Arbeiter tatsächlich gezahlten Tageslohnsätze bei den 15 allgemeinen Berufsarten während Juni, Juli, August 1889 gleich 100 gesetzt

und danach die Meßziffern für die übrigen Monate ermittelt.
Dabei rechnete Falkner die in sämtlichen Städten je für eine
Berufsart festgestellten Sätze zu einer Zahl zusammen, welcher
Einheitssatz für die Berechnung der Meßziffern diente, und
bildete aus allen 15 Meßziffern wiederum die Gesamtmeßziffer.
Auf diese Weise wurde erst ein mehr oder weniger zutreffender
Vergleich mit der zur selben Zeit ermittelten Preisbewegung
möglich.

Von den ausländischen Lohnerhebungen ist ferner noch
die französische von 1892 zu erwähnen. Zum ersten Male
wurde bei einer so umfassenden Lohnermittelung, die etwa
ein Elftel der groß- und mittelindustriellen Arbeiterschaft ein-
bezog, der Jahresverdienst der Arbeiter ermittelt und zwar
durch Division des Gesamtbetrages der für die einzelnen
Arbeiterkategorien im Jahre gezahlten Löhne durch die durchschnittliche Arbeiterzahl. Aus diesen fragwürdigen Jahres-
durchschnittslöhnen berechnete man mittelst Division der Lohnsumme durch die Betriebstagezahl und durch die durchschnittliche Arbeiterzahl den durchschnittlichen Tagelohn. Bei der
weiteren Zusammenfassung der Ergebnisse ließ man auch noch
die Unterscheidungen nach Alter, Geschlecht und Berufsart
beiseite und errechnete die Jahresverdienste auf die „Arbeits-
einheit", Einheit sämtlicher Arbeiter (unité d'effectif). — Die
1891/93 vorgenommene amtliche französische Erhebung der
Arbeiterlöhne in den Staatsbetrieben (Tabak- und Zünd-
hölzchenfabriken) sowie bei den Eisenbahngesellschaften trug
besonders dem Alter der Arbeiter in den ausgegebenen Fragebogen durch Abstufung in 12—18, 19—25, 26—45, 46—60,
über 60 jährige Personen Rechnung.

Die erste Erhebung ihrer Art ist die gelegentlich der
belgischen Berufszählung vom belgischen Arbeitsamt im
Oktober 1896 angestellte Zählung der Löhne der einzelnen
gewerblichen Arbeiter (612 892 = 91,3 %) aller gewerblichen
Arbeiter) des ganzen Landes. Es wurden auf Grund der
Lohnlisten die wirklichen Löhne für den „Normalarbeitstag"
festgestellt, d. h. für die Stundenzahl, die der Arbeiter zur
Zeit der Erhebung gewöhnlich beschäftigt war, ohne die Ruhe-
tage, Versäumnisse und Extraarbeit. Hierbei nahm man mehr
oder weniger zutreffend an, daß die Verschiedenheit des
Normalarbeitstages die Eigentümlichkeit des einzelnen Gewerbes zum Ausdruck bringe. Jeden Industriezweig suchte
man zu charakterisieren durch einen einzigen Lohn, den Lohn
der Arbeitermehrheit, Mehrheitslohn, le salaire le plus frequent
(Methode der 75 %), nicht den Durchschnittslohn wie sonst,
z. B. in der englischen amtlichen Lohnstatistik.

Ähnlich den preußisch-deutschen Bergarbeiterlohnstatistiken ist die periodische Lohnstatistik für den österreichischen Bergbau, die uns allerdings über die Art der

Berechnung der „Durchschnittslöhne" für ebenfalls fünf Arbeitergruppen nicht volle Klarheit gewährt.

Unter den von staatlichen Organen ausgehenden Lohn-
feststellungen sind die allerdings methodisch sehr oft unzulänglichen Erhebungen der deutschen Gewerbeaufsichtsbeamten
zu nennen. So begnügten sich nach F e i g (a. a. O. S. 806) die
bayrischen Beamten in ihren Berichten, betreffend die Papier-
industrie, 1908 mit Angabe bald von üblichen Lohnsätzen, bald
von Tagebuchdurchschnittslöhnen, bald nach Rundfrage bei den
Unternehmern (Enquête) mit Mindest-, Durchschnitts- und
Höchstjahresverdiensten. Man denke, in einer und derselben
Erhebung so wenig Einheitlichkeit in der Methode!

Die preußischen Gewerbeaufsichtsbeamten verzichten meist
überhaupt auf Lohnnachweisungen.

Rühmliche Ausnahmen bilden die Veröffentlichungen von
Gewerbeaufsichtsorganen für Baden, zuerst von W ö r i s h o f f e r
über „Die soziale Lage der Zigarrenarbeiter im Großherzogtum
Baden" (1890) und „Die soziale Lage der Fabrikarbeiter in Mannheim und dessen Umgebung" (1891). W ö r i s h o f f e r suchte
hier einen wöchentlichen, von den Zufälligkeiten der einzelnen
Lohnzahlung befreiten Durchschnittslohn (Normallohn) für jeden
Arbeiter zu ermitteln, indem bei den Zigarrenarbeiterlöhnen
„die Verdienste von zwei Winter- und zwei Sommerwochen
für jeden Arbeiter in ein nur zu diesem Zwecke angelegtes
Verzeichnis eingetragen und der vierte Teil ihrer Summe als
individueller durchschnittlicher Wochenlohn angesehen" wurde [1].
Ähnlich wurden bei den Lohnermittlungen für 47 Mannheimer
Fabriken „aus einer in bestimmter Weise auseinanderliegenden
Reihe von Wochen, deren Gesamtlohnsumme annähernd die
mittlere war, die einzelnen Wochenverdienste auf einem besonderen Formular eingetragen und daraus die Mittel berechnet". Die individuellen Durchschnittsverdienste gruppierte
W. nach Lohnklassen. In ähnlicher Weise berechnete u. a.
Fabrikinspektor F u c h s in „Die Verhältnisse der Industriearbeiter in 17 Landgemeinden bei Karlsruhe" (1904) statt des
Durchschnittswochenverdienstes den durchschnittlichen T a g e s -
verdienst aus dem nach den Lohnbüchern der Fabrikanten von
dem Arbeiter tatsächlich verdienten Lohn im Jahre 1901 sowie
aus demjenigen im Sommerhalbjahr und im Winterhalbjahr
1901—1902.

Unter den staatlicherseits veranlaßten Veröffentlichungen
nehmen die in der Zeitschrift des Kgl. Sächsischen Statistischen Bureaus [2] abgedruckten einschlägigen Untersuchungen

---

[1] L e o s Darstellung in seinem Artikel „Arbeitslohn" im Handwörterbuch der Staatswissenschaften Bd. I, S. 1095/6 ist wohl in diesem
Punkte nicht ganz zutreffend.

[2] Wohl vorwiegend auf Veranlassung des um die Lohnstatistik
meistverdienten V i k t o r B ö h m e r t.

eine hervorragende Stelle ein. Grundsätzlich bedeutsam trotz
der Kleinheit des Zahlenmaterials und trotz unzulänglicher
Zusammenfassung der Daten scheint u. a. die ebenda enthaltene Arbeit Alban F ö r s t e r s, „Lohnstatistische Untersuchungen in der Zigarrenfabrikation" (1892), insofern hier
nämlich die nach Viktor Böhmerts Vorschlägen 1891 in Wien
gefaßten Beschlüsse des Internationalen statistischen Instituts
zum ersten Male praktische Anwendung fanden und u. a. die
Ermittelung der i n d i v i d u e l l e n J a h r e s verdienste und
zwar der „aus der reinen Arbeit fließenden Löhne", die sich
durch mittelbar aus dem Arbeitsverhältnis kommende Vorteile
(Alterszulagen, Wohnungszuschüsse usw.) noch erhöhen, im
Mittelpunkte der Forschung standen.

Böhmert selbst, der in der Erfassung des wirklichen individuellen Jahresverdienstes bei monographischer Bearbeitung
„typischer" Unternehmungen (größerer, mittlerer, kleinerer
Betriebe in Stadt und Land in verschiedenen Ländern) das
Ziel der Lohnstatistik sah, lieferte schon früher mehrere wertvolle Monographien, so in der Zeitschrift des Kgl. Sächs.
statistischen Bureaus:

1877 „Weberlöhne einer Fabrik in Meerane",

1878 „Die Arbeitslöhne auf den fiskalischen Steinkohlen-
werken Sachsens",

1880 „Urkundliche Geschichte und Statistik der Meißner
Porzellanmanufaktur von 1710 – 1880 mit besonderer Rücksicht auf die Betriebs-, Lohn- und Kassenverhältnisse".

Richtige Lohnstatistiken, noch dazu auf Grund besonderer Erhebungen sind von deutschen städtestatistischen
Ämtern selten geliefert worden. Von den wenigen dürfte
Beachtung verdienen die Lohnerhebung der Stadt Barmen
(Beiträge des Barmer statistischen Amts Nr. 2, 1906) über
die 1904 gezahlten Löhne eines großen Teils der Barmer
Textilarbeiterschaft mittels Zählkarten, die von den Arbeitgebern auszufüllen waren. Erhoben wurden die durchschnittlichen Wochenlöhne, gegliedert in die Lohnklassen nach Geschlecht und Alter (bis 16, 16—20, 20 und mehrjährige Arbeiter)
bei gesonderter Behandlung der nicht vollarbeitsfähigen Personen. Um die durchschnittliche Arbeiterzahl zu finden, rechnete man die 50 bis 52 Wochen beschäftigten Arbeiter voll.
Hinsichtlich der übrigen addierte man die sämtlichen Lohn-
wochen und dividierte die erhaltene Summe durch 52. Die
um den letztgefundenen Quotienten erhöhte Zahl der Voll-
beschäftigten ergab die durchschnittliche Arbeiterzahl.

Fast nur auf den Lohnlisten der Arbeiter fußen die lohn-
statistischen Mitteilungen in den vom Zentralverein für das
Wohl der arbeitenden Klassen veranlaßten Untersuchungen
„Über die Entlöhnungsmethoden in der deutschen Eisen- und
Maschinenindustrie" 1906 ff. (Heft 1–9), B o s s e l m a n n (Heft 1)

begnügte sich mit der Angabe von Durchschnittstagelöhnen
oder Schichtlöhnen, Normaldurchschnittsakkord- oder Zeit-
löhnen etc.[1] der Arbeiterschaft der südwestdeutsch - luxem-
burgischen Eisenindustrie. Schulte (Heft 2), dem der Verband
Berliner Metallindustrieller die Durchführung der Untersuchung
zu erschweren beschlossen hatte, entnahm seine Mitteilungen
über Stunden-, Wochen- und teils Jahresverdienste in der
Berliner Maschinenindustrie fast ausschließlich den Lohnenquêten des Berliner statistischen Amts, während Simmers-
bach (Heft 5) hinsichtlich der Eisenindustrie Schlesiens und
Sachsens gar zu ungenaue Lohnangaben machte — so, wenn
er beispielsweise a. a. O. S. 49 sagt: „Als Jahresdurchschnitts-
summe des Verdienstes sämtlicher Arbeiter wurde mir auf
einem großen schlesischen Hüttenwerke die Summe 1001,56 Mk.
genannt, also einschließlich der Invaliden und jugendlichen
sowie weiblichen Arbeiter. Für die betreffende Einzelabteilung
des Hüttenwerkes schwankten die Jahressummen von 950 bis
1500 Mk." — Kaum mehr befriedigt in lohnstatistischer Hinsicht die sonst so ausgezeichnete Schrift (Heft 6[2]) von Jeidels
über die rheinisch-westfälische Eisenindustrie, mag auch die
ganz ungewöhnliche Mannigfaltigkeit des von ihm untersuchten
Bezirks diesen Mangel entschuldigen. — Weit korrekter sind
die Lohnermitelungen (Jahresstundenverdienste) von Jollos
(Heft 9, 1910) für die Berliner Metallindustrie, vor allem aber
die Verdienststatistiken betreffs der Arbeiterschaft in der
hannoverschen Eisenindustrie (Heft 3) in einem Berliner Großbetrieb der Maschinenindustrie (Heft 4), in der bayrischen
Eisen- und Maschinenindustrie (Heft 7) und in der Berliner
Feinmechanik (Heft 8) von bzw. Timmermann, Reichelt,
Günther und Heiß, die in exaktester Weise mit Hilfe der
Lohnlisten die wirklich gezahlten — in erster Linie jährlichen — Verdienste darstellten. Besonders Günther und
noch mehr Heiß zeigen abweichend von den üblichen lohnstatistischen Untersuchungen an Hand umfangreicher Tabellen
die Beziehungen zwischen Lebens- und/oder Dienstalter und
dem Tages-, Wochen-, Vierteljahres- oder Jahresarbeitsverdienst.
Beide Arbeiten dürfen gewiß zu den besten ihrer Art gezählt
werden und verdienten weit mehr Beachtung, als ihnen bisher geschenkt wurde. Nicht einmal in dem sonst so über-
sichtlichen Artikel „Arbeitslohn (Statistik)" im Handwörterbuch der Staatswissenschaften Bd. I von 1909, zu welcher
Zeit doch schon Heft 1—7 und vielleicht auch Heft 8 (Juni
1909) erschienen waren, sind diese dankenswerten Unter-

---

[1] Diese wurden Bosselmann seitens der Arbeitgeber wohl nur
auf Grund von Schätzungen mitgeteilt (vgl. S. 137 f., 207 f. der Bossel-
mannschen Schrift).
[2] Vgl. u. a. die ungenügenden Angaben auf S. 113 ff. a. a. O.

suchungen des Zentralvereins erwähnt, wogegen sie allerdings
u. a. das Reichsarbeitsblatt ausführlich besprach.

B. Gesetzlich vorgeschriebene Mitteilungen: Unfallversicherung S. 45; Krankenversicherung S. 46; Alters- und Invalidenversiche-
rung S. 47; Einkommensteuerveranlagung S. 47.

Auf Grund gesetzlicher Vorschriften — wenn auch nicht
direkt zu lohnstatistischen Zwecken — müssen Arbeitgeber
Angaben an amtliche Stellen machen, so zunächst gemäß
der Reichsversicherungsordnung (früher Gewerbeunfallver-
sicherungsgesetz) alljährlich über die Zahl der beschäftigten
versicherten Personen und die Höhe der Gehälter und Löhne
an die zuständige Berufsgenossenschaft. Diese gibt ihrerseits
aber nur Gesamtnachweisungen an das Reichsversicherungsamt, das seit 1903 neben der Summe der anrechnungsfähigen,
auch diejenige der wirklich gezahlten Löhne veröffentlicht,
also nur die Summe, und ferner die Zahl der durchschnittlich
Beschäftigten. Hiernach ist bloß die Berechnung wenig ein-
wandfreier Durchschnittslöhne möglich. Hinsichtlich der berufsgenossenschaftlichen Lohndarstellungen darf im übrigen nie
vergessen werden, daß sie immer nur die in Motorbetrieben
tätigen Personen, sonst lediglich solche in gewerblichen Unternehmungen mit mindestens zehn Arbeitern betrifft. Nach der
deutschen Gewerbezählung von 1895 befanden sich aber u. a.
in Deutschland nur 4 326 848 Arbeiter in Betrieben mit mehr
als zehn Personen, gegen 3 904 086 Arbeiter in Betrieben mit
weniger als zehn Personen, die also der staatlichen Unfallversicherung großenteils nicht unterliegen.

Berufsgenossenschaftliches Material bearbeitete u. a.
R. Ehrenberg 1891 für acht Altonaer Unternehmungszweige
(120 Betriebe mit je 10—300 Arbeitern) und zwar zur Vermeidung des durch Stellenwechsel verursachten Fehlers unter
Berechnung der klassenweise und nach dem Ausbildungsgrad
gegliederten Löhne für den einzelnen Arbeitstag, nicht pro
Arbeiterkopf.

Vom statistischen Amt der Stadt Berlin sind seit 1891 für
die wichtigsten Industrien berufsgenossenschaftliche Aus-
zählungen[1] vorgenommen, die sich aber schon deshalb als
wenig wertvoll erweisen, weil Zählkartenpersonen, also bei
Stellenwechsel mehrfach gezählte Personen, darin figurieren
und ferner — ein bei der Beschaffenheit des Materials unver-
meidlicher Fehler! — nur über die innerhalb des Berichtsjahres
in dem Betriebe verbrachte, nicht über die wirkliche Beschäftigungsdauer Aufschluß gegeben wurde. Auf der anderen
Seite gewähren gerade die Berliner Untersuchungen erfreulicher-

---

[1] Vgl. Franz Eulenburg, „Zur Frage der Lohnermittlung" (1899)
S. 45 ff.

weise mehrfach einen Einblick in den Zusammenhang von Alter
und Lohn.

Als mustergültig bezeichnete das Reichsarbeitsblatt (1911
S. 842) die Darstellung der Löhne in der chemischen Industrie
im Jahre 1892, die O. Wenzel an Hand der einschlägigen
berufsgenossenschaftlichen Unterlagen fertigte. Wenzel bediente sich hierbei besonderer Zählkarten, die je außer dem
Namen Angaben über Geschlecht, Alter, Sitz der Betriebs-
stätte, Art der Beschäftigung, Zahl der Arbeitstage, die Summe
des verdienten Lohnes und den Wert etwaiger Naturalleistungen
oder sonstiger Vergütungen enthielt. Den ganzen Stoff bearbeitete er eingehend mit Unterscheidung nach Geschlecht,
Alter, Berufs- und Betriebsgruppen und geographischen Bezirken. Leider wurde die Arbeit für die weiteren Jahre nicht
fortgesetzt.

Die Arbeitgeber haben ferner nach dem Kranken-
versicherungsgesetz, jetzt nach der Reichsversicherungsordnung, den zuständigen Krankenkassen die wirklichen Tagesverdienste mitzuteilen, wenn solche als Beitragsmaßstab
(letzteren Falls nur bis 6 Mk.) durch Kassenstatut bestimmt
sind. Somit wäre hier die Grundlage für eine brauchbare
Lohnstatistik gegeben.

Enthält das Kassenstatut keine Vorschriften, so wird der
Beitrag nach dem wirklichen durchschnittlichen Tages-
verdienst der betreffenden Arbeiterklasse, für die die Kasse
errichtet ist, bemessen — eventuell klassenweise abgestuft,
wie in Dresden, Offenbach, Göppingen. Hier sind die Lohnklassenstatistiken des Allgemeinen Knappschaftsvereins in
Bochum und die des Oberschlesischen berg- und hütten-
männischen Vereins zu nennen, die zwar nach Geschlecht und
Alter (doch nur für Personen über und unter 16 Jahren), aber
nicht nach der spezielleren Beschäftigungsart ziemlich roh berechnete Jahresverdienste mitteilen. — Seit Oktober 1906 veröffentlicht das Reichsarbeitsblatt vierteljährlich auch eine
Lohnklassenstatistik der größten deutschen Ortskrankenkasse,
der Leipziger, und zwar nach 14 Berufsgruppen und 10 Lohnklassen unter Unterscheidung von männlichen und weiblichen,
freiwilligen und versicherungspflichtigen Mitgliedern. An der
gleichen Stelle sind inzwischen von anderen Ortskrankenkassen
ähnliche Lohnklassenstatistiken gefolgt; leider geben sie nicht
ausreichenden Einblick in die wirklichen Tagesverdienste, da
der wirkliche Verdienst sich durch Überstunden und Akkordarbeit oft viel höher stellt.

Düsseldorf, Barmen, Karlsruhe, Lübeck, Plauen und Straßburg geben eine Statistik der wirklichen Löhne auf Grund
des Ortskrankenkassenmaterials, die seit April 1910 im Reichsarbeitsblatt erscheint. — Weit wertvoller noch als diese ist

aber die nur einmalige, nicht periodische [1] Darstellung, die das statistische Amt der Stadt Straßburg [2] auf Grund des Straßburger Ortskrankenkassenmaterials über die Entwicklung der wirklichen Löhne für 25 Berufe (gelernte und ungelernte Arbeiter) und die Jahre 1900—1907 veröffentlichte. Sie betrifft ein und dieselben Personen, je nachdem diese seit 1900, seit 1901, 1902, 1903, 1904, 1905, 1906 ununterbrochen Kassenmitglieder waren. Es verdiente dieser höchst bedeutsame erste Versuch einer historischen Individuallohnstatistik wohl Nachahmung seitens anderer städte-statistischer Ämter.

Keine eigentlichen Lohnstatistiken bedeuten die zu Zwecken der Krankenversicherung erfolgenden periodischen Zusammenstellungen des Kaiserlichen statistischen Amts über die ortsüblichen Tagelöhne gewöhnlicher Tagearbeiter [3].

Als wirkliche Lohnstatistik kommt vorderhand nicht in Betracht diejenige, die mit Hilfe der bei den Reichs-, Alters- und Invalidenversicherungsorganen vorhandenen, ebenfalls von der Seite der Arbeitgeber stammenden Unterlagen aufgestellt wird. § 1245 der Reichsversicherungsordnung sieht je nach der Höhe des Jahresverdienstes fünf Lohnklassen vor:

Klasse I bis 350 Mk.,
„ II von 350—550 Mk.,
„ III von 550—850 Mk.,
„ IV von 850—1150 Mk.,
„ V über 1150 Mk.

Das Reichsversicherungsamt schließt sich nun in seinen Lohnstatistiken an diese viel zu großen und daher ungenauen Lohnklassen an, ohne Unterscheidung der Berufsarten, und begeht außerdem den Fehler, die Zahl der Beiträge, statt der versicherten Personen zu berücksichtigen. Die Ungenauigkeit dieser Statistik wächst noch dadurch, daß als Jahresarbeitsverdienst wohl in der Regel nicht der tatsächliche Verdienst, sondern ein Durchschnittsbetrag maßgebend ist (§ 1246 der Reichsversicherungsordnung, früher § 34 des Invalidenversicherungsgesetzes).

Weiter haben ähnlich wie in Sachsen, Braunschweig, Anhalt, Baden die Arbeitgeber in Preußen nach dem preußischen Einkommensteuergesetz (§ 23 Abs. 3 u. 4 u. § 74) über das Einkommen [4] (also den wirklichen Verdienst, nicht die

---

[1] Periodische Darstellungen hatte das Kaiserlich statistische Amt 1906 dem Verband der Ortskrankenkassen und den Städtestatistikern allgemein vorgeschlagen.

[2] Heft VII ihrer Beiträge „Straßburger Arbeitslöhne und Lebensmittelpreise in den Jahren 1900—1907".

[3] Vgl. u. a. Bernhard Franke, „Ortsübliche Tagelöhne" im Statistischen Jahrbuch deutscher Städte 19. Jahrgang, 1913, S. 823 ff.

[4] Kaum der hier in Frage stehenden, wohl aber der sonstigen auf den Veranlagungen zur Einkommensteuer fußenden allgemeinen Ein-

Lohnsätze) aller bis 3000 Mk. jährlich beziehenden Angestellten
und Arbeiter an die mit der Aufnahme des Personenstandes
betraute Behörde Auskunft zu erteilen. Sie wird in der Regel
wegen des Umfanges der Vorbereitungen der Veranlagung
schon im Oktober verlangt. Das tatsächliche Einkommen kann
daher nur für die Zeit vom 1. Januar, bzw. von dem späteren
Tage des Eintritts in das Unternehmen, bis zum 30. September
erhoben, das Einkommen für den Jahresrest bloß geschätzt
werden. Einzelne Städte lassen sich in Widerspruch zu den
gesetzlichen Bestimmungen schätzungsweise Angaben für das
ganze Jahr machen [1]. Nicht erfaßt werden die Einkommen,
die die Angestellten und Arbeiter vor dem Eintritt in den
Dienst des Unternehmers, bei dem die Arbeiter zur Zeit der
Auskunft beschäftigt sind, bezogen haben, da der frühere
Unternehmer zu Angaben nicht verpflichtet ist, ferner nicht
die Einkommen der mitverdienenden Angehörigen des. betreffenden Arbeiters noch dessen Sonderbezüge sowie schließlich Angaben über Lohnart, Arbeitszeit, also nicht inwieweit
Überstundenverdienst vorliegt. Dagegen erhält man aus dem
bei der Personenstandsaufnahme gelieferten Hauslisten Aufschluß über Namen, Beruf oder Erwerbsart, Geburtsort, Geburtstag und Religionsbekenntnis. Aus der Beschäftigungsart
und beruflichen Stellung läßt sich annähernd der Grad der
Vorbildung der einzelnen Arbeiter entnehmen. Im ganzen
wären somit die Unterlagen für eine brauchbare, mehr oder
weniger erschöpfende Lohnstatistik für einzelne Städte gegeben.

Das Statistische Amt der Stadt Halle a. d. S. hat, wohl
bisher allein, in Heft 2 seiner Beiträge eine solche Statistik
über „Die Einkommenverhältnisse der Angestellten und Arbeiter
der Stadt Halle a. d. S." durchgeführt. Auskünfte über die
Arbeitereinkommen hat die Stadt Halle erschöpfend nur von
den Arbeitgebern der Gewerbesteuerklassen I, II, III, bloß
teilweise von denjenigen der IV. Klasse gefordert. Bäcker,
Fleischer, Barbiere sind daher in erheblicher Zahl nicht statistisch erfaßt worden, anderseits aber alle in Halle beschäftigten, also auch die nicht dort wohnenden Personen einbezogen.

Unter Benutzung der Hilfspersonenverzeichnisse zur Einkommensteuer (Steuerjahr 1902—1903), die in Baden zu
Zwecken der Zu- und Abschreibung von den Arbeitgebern

kommenstatistik haftet u. a. der Fehler an, daß der Einkommensteuer-
pflicht bloße naturale Eigenbenutzungen nur ausnahmsweise unterliegen,
so der Nutzungswert durch Bewohnen des eigenen Hauses, nicht aber
z. B. der Nutzungswert des Mobiliars, der Dienstleistungen für den
eigenen Haushalt, Werte, die ja an sich auch kaum oder sehr schwer
und dann nur annähernd feststellbar sind.
[1] Nach „Beiträge zur Statistik der Stadt Halle a. d. S." Nr. 2 S. 10.

jährlich auszufüllen und mit Angaben der Löhne versehen an die Steuerbehörden abzuführen sind, schuf Heinrich F e u e r s t e i n [1] eine Lohnstatistik für allerdings nur 164 Uhren fabrikarbeiter des badischen Schwarzwalds in 15 Betrieben mit 17—252 Arbeitern und berechnete unter Voraussetzung von 280 bzw. 288 jährlichen Arbeitstagen aus den Jahreslohn-, Monatslohn-, Taglohnangaben Wochenlöhne unter Bildung von 13 Lohnklassen und Unterscheidung nach spezieller Be schäftigungsart und Geschlecht, dagegen nicht nach dem Alter.

2. Lohnstatistiken nach Angaben der Arbeiter.

Veröffentlichungen der Arbeiterverbände S. 49 und von dritter Seite S. 50.

Das Gegenstück zu den auf Grund des Arbeitgebermaterials gefertigten lohnstatistischen Untersuchungen bieten die seitens der Arbeitnehmer unmittelbar oder mittelbar gelieferten Lohn übersichten.

Je mehr die Arbeiterschaft politisch aufgeklärt wurde, desto mehr nahm sie die Vertretung ihrer Interessen selbst in die Hand. Naturgemäß gilt diese Selbsthilfe im be sonderen Maße der Lohnfrage bei deren ausschlaggebender Bedeutung für das Arbeiterleben; denn trotz numerischer Überlegenheit ist diese schwächste aller Volksschichten der rauhen Zugluft, dem Wind und Wetter im freien Konkurrenz kampf am meisten ausgesetzt. Lohnkämpfe wurden zum Hauptinhalt der Gewerkschaftspolitik. Ihre Voraussetzung bildete aber eine annähernd genaue Kenntnis der tatsäch lichen Lohnverhältnisse, um sinngemäße Forderungen stellen zu können. Die amtliche oder gar die Arbeitgeberlohnstatistik, soweit sie vorhanden war, versagte nur zu oft, wenn man ihr nicht überhaupt mißtraute. So gingen die Arbeitnehmer verbände also selbst zur Schaffung von Lohnstatistiken auf Grund eigener Erfahrungen über. Eine fast unübersehbare lohnstatistische Literatur der Arbeitergewerkschaften entstand unter fortdauernder Verbesserung der Methoden. Bloßen Enquêten (der deutschen Gewerkvereine) folgten gelegent liche Erhebungen, schließlich regelrechte Statistiken. Zwar herrscht auch gegenwärtig die Form der gelegentlichen Erhebung der Löhne [2] noch vor, wobei Personalfragebogen, meist neben den von Vertrauensleuten auszufüllenden Werk stattfragebogen ausgegeben zu werden pflegen. Ein Beispiel für viele ist die im November 1910 bis April 1911 vor genommene Erhebung des Deutschen Metallarbeiterverbandes über „Die Arbeitsverhältnisse der Eisen-, Metall-, Modell-,

---

[1] In „Lohn und Haushalt der Uhrenfabrikarbeiter des badischen Schwarzwalds" 1905, Volkswirtschaftliche Abhandlungen der badischen Hochschulen.

[2] In der Regel werden die W o c h e n löhne erhoben.

Werkzeug-, Revolver- und Automatendreher Deutschlands"
(Stuttgart 1912), die für die verschiedenen Industriebezirke
und Städte lediglich Durchschnittsstundenverdienste enthält,
die offenbar nur schätzungsweise ermittelt sind. Indes fehlt
es nicht an Ansätzen, die Arbeiterschaft ununterbrochen fortlaufend die tatsächlich verdienten Löhne aufzeichnen zu lassen.
So ließ der Verband der Porzellanarbeiter seine Mitglieder die
Wochenlöhne während eines ganzen Jahres (1906) nieder-
schreiben unter Androhung des Verlustes des Unterstützungs-
anspruchs bei Unterlassung der Niederschrift mit dem Erfolg,
daß von 14 169 Mitgliedern 10 557 brauchbare Fragebogen
lieferten.

Neuerdings fangen die Gewerkschaften sogar an, die Lohnzettel ihrer Mitglieder wochenlang vor einer geplanten Lohn-
bewegung zu sammeln zwecks statistischer Verarbeitung in
der Zentrale, da sich die mündlichen Angaben über schlechte
Löhne vielfach als unrichtig erwiesen haben. Im ganzen muß
aber bei aller Anerkennung mancher guten Leistung über die
gewerkschaftliche Lohnliteratur so viel gesagt werden, daß
sie mehr durch Quantität als durch Qualität imponiert. Dabei
soll ihr daraus, daß sie nur zu oft lediglich die gewerkschaft-
lichen Mitglieder, also bloß einen Teil der Arbeiter erfaßt,
kein Vorwurf gemacht werden.

Seitens der Arbeiter selbst erhalten wir vielleicht noch
am zuverlässigsten Auskunft aus den Sammlungen von
Arbeiterhaushaltsrechnungen. Solche liegen vor teils für bestimmte Arbeitergruppen, wie in den vom Deutschen Metallarbeiterverband veranlaßten „320 Haushaltsrechnungen von
Metallarbeitern" (1909), die sich hauptsächlich auf das Jahr
1908 beziehen, teils für die verschiedensten Arbeiter- und
andere Berufsschichten, wie in der reichstatistischen „Erhebung von Wirtschaftsrechnungen minderbemittelter Familien
im Deutschen Reiche" (1909), die 960 (853 davon veröffentlicht!)
vollständige Jahresrechnungen (Zeitraum vom Januar 1907 bis
längstens März 1909) umfassen. In letzterem Falle geht also
die Untersuchung weder vom Arbeitgeber noch vom Arbeitnehmer, sondern von dritter, hier reichsamtlicher Seite aus.

Nicht übergangen werden darf an dieser Stelle eine origi-
nelle ausländische Monographie: die von Louis V a r l e z im
Auftrage des belgischen Ministers für Industrie bearbeitete
Darstellung der 1896 im Anschluß an die große Lohnerhebung
ermittelten Löhne der Genter Textilindustrie. Die Grundlagen
bilden insbesondere die Ergebnisse der Fragebogen, die eine
große Anzahl Gewerkschaftsmitglieder (1920) beantworteten.
Darin wurde vor allem auch nach dem Alter gefragt. Unter
anderem war es V a r l e z so möglich, in sehr origineller
Weise eine Übersicht über die Lohnentwicklung während
eines Arbeiterlebens zu geben, indem er aus 32 gleichzeitigen

Daten 32 sich folgende machte[1]. Ferner ermittelte er bei
den Genter Baumwollarbeitern die höchsten Löhne für die
37—50jährigen männlichen Arbeiter. Indem er den Verdienst
der 37—50jährigen männlichen Arbeiter als Einheit annahm,
stellte er. eine Lohnentwicklungsreihe nach Alter und Geschlecht auf und fand z. B. für die

Alter:		männlich. Arbeiter:	weibl. Arbeiter:
13jährig	die Größe	0,20	0,20
19 „	„ „	0,50	0,50
21 „	„ „	0,60	—
23 „	„ „	0,70	0,595
25 „	„ „	0,80	—
30—50jährig	„ „	—	0,70
37—50 „	„ „	1,00	—
60jährig	„ „	0,90	0,60
67 „	„ „	0,795	. —
75 „	„ „	0,65	—

3. **Lohnstatistiken nach Auskünften sowohl der Arbeitgeber als auch der Arbeiter.**

Veröffentlichungen staatlicher Organe S. 51; sonstiger behördlicher
Organe S. 52; von privater Seite S. 53.

Daß die Angaben sowohl von Arbeitgeber- als auch von
Arbeitnehmerseite, etwa noch ergänzt durch andere Sach-
verständige, eine gute, ja vielleicht die beste Grundlage für
eine Lohnstatistik bilden können, erweist die vom österreichischen Arbeitsstatistischen Amt in Wien gefertigte ausgezeichnete umfangreiche Monographie[2] über „Arbeitsverhältnisse im Ostrau-Karwiner Steinkohlenrevier" für die Zeit vom
1. Juli 1900 bis 30. Juni 1901.

Definiert man mit Eulenburg (Zur Frage der Lohnermittlung, 1899, S. 85) den Unterschied von Statistik und Enquête
dahin, daß „die erstere objektive Tatsachen selbst, die zweite
subjektive Ansichten über die Tatsachen gibt", so handelt es
sich im vorliegenden Falle bei der Darstellung der Lohnverhältnisse namentlich der Berg-, aber auch der industriellen
Arbeiter zweifellos um eine regelrechte Lohnstatistik, indem
von Arbeitgebern bzw. betreffs der Bergarbeiter von Bruder-
ladenvorständen genauere Angaben über die an jeden einzelnen
Arbeiter wirklich gezahlten Löhne (und sonstigen Bezüge)

---

[1] Ähnlich wie Varlez stellte Rowntree auf Grund einer 1899
durchgeführten Enquête für die Stadt York den typischen Verlauf eines
Arbeiterlebens fest.

[2] Es umfaßt der erste Teil der Monographie 52 + 128 Seiten Text
neben 583 Seiten Tabellen, der zweite Teil 31 + 109 Seiten Text und
237 Seiten Tabellen.

bzw. Lohnsätze gegeben wurden (vgl. Eulenburg a. a. O. S. 86). Vor allem wurden hinsichtlich der Bergarbeiter sogar das ganze Untersuchungsjahr hindurch regelmäßige Aufzeichnungen gemacht, wogegen man bei den kleingewerblichen Arbeitern nur nach dem höchsten, niedrigsten und· normalen Geldlohn pro Woche, bei den land- und forstwirtschaftlichen Arbeitern nach dem höchsten, niedrigsten und durchschnitt· lichen Geldlohn pro Tag, Monat bzw. Jahr für die verschiedenen Arbeitergruppen fragte. Letzterenfalls mag so manche bloße Schätzung unterlaufen sein.

Besonders bemerkenswert bleibt noch die weitgehende Gliederung der Bergarbeiter und der Arbeiter in Koksanstalten nach ihrer speziellen Beschäftigung, nach ihrem durchschnitt· lichen und tatsächlichen Jahreseinkommen („Freilohn" und Krankengeld) und die gesonderte Behandlung der ganzjährigen Arbeiter neben denjenigen „des Gesamtstandes im Jahres- durchschnitt" [1], vor allem aber schließlich eine allerdings leider unzulängliche Darstellung der Löhne im Verhältnis zum Alter. — Auch die Art der Erhebung ist nicht alltäglich. Sie erfolgte durch einen Stab von Beamten des arbeitsstatistischen Amts an Ort und Stelle unter Mithilfe der Unternehmer, der Bruder- ladenvorstände, der Handels- und Gewerbekammer in Troppau usw. — Es soll im übrigen nicht verschwiegen werden, daß noch die Gesamtlage (also Wohnungsverhältnisse, Lebensmittel- preise usw.) untersucht wurde, so daß wir es hier im Grunde mit einer nach herrschender Anschauung nicht reinen Lohn- statistik im eigentlichen Sinne zu tun haben.

Eine solche reine Lohnstatistik ist dagegen wiederum eine andere österreichische Monographie, nämlich diejenige von Stephan Bauer über „Die Arbeiter der Brünner Maschinen- industrie. Untersuchungen über die Arbeits- und Lohnverhält- nisse" (Statistische Arbeiten der Brünner Handels- und Gewerbe- kammer, I. Abt., Brünn 1895). Charakteristischerweise wählte Bauer als Grundlage neben Monatsstundenverdiensten, Sommer-, Winter- und Jahreslohneinkommen Jahresstundenverdienste [2], die er nach den Lohnaufschreibungen von sechs Brünner Ma- schinenfabriken und den Arbeitsbüchern aller 2988 Arbeiter auf Grund der individuellen Stundenzahlen für jeden Tag und den Verdienst für jede Woche berechnete und nach Lohn- klassen für 12 Beschäftigungsarten unter Bildung von Alters- klassen gliederte. Außerdem stellte er — allerdings, wie Eulenburg (S. 39—41 a. a. O.) gezeigt hat, in recht anfecht- barer Art — den Einfluß der Überarbeit auf die Löhne dar.

---

[1] d. i. die Gesamtzahl der in jedem einzelnen Monat beschäftigten Arbeiter dividiert durch 12.
[2] d. i. das gesamte Jahresverdienst eines Arbeiters dividiert durch die Zahl sämtlicher Arbeitsstunden im Jahr.

Wenn überhaupt, so wohl nur teilweise gebührt in der
lohnstatistischen Literatur ein Platz den periodischen Erhebungen der Stadt Berlin über die Lohnverhältnisse der
Berliner Arbeiterschaft in den Jahren 1881—1890, je auf die
Löhne eines bestimmten Monats beschränkt, 1897 und. am
umfassendsten und korrektesten 1903. — Es wurden Firmen-
inhaber (bis 1890), Innungen und andere Unternehmerverbände
wie Arbeiterorganisationen, teils auch Orts- und Innungskrankenkassen durch schriftliche Umfrage, die man zuletzt
(wohl infolge der Kritik Eulenburgs a. a. S. 87/88) ergänzte
durch kontradiktorische Einvernahme von Arbeitgebern und
Arbeitervertretern; man fragte nach den niedrigsten, durchschnittlichen, höchsten Wochenlöhnen, Zahl der Arbeitstage
und Jahresverdienste in den einzelnen Berufen. Im wesentlichen handelt es sich also hier um Enquêten, die bei der
großen Vielgestaltigkeit der modernen Industrie doch immer
nur bedingt einen Einblick in die wirtschaftliche Lage der
Arbeiter gestatten, und um ein statistisches Verfahren vielleicht nur insofern, als „wirkliche" genauere Lohnbeträge angegeben wurden.

Hier dürfte auch der Ort sein für Nennung der umfangreichen Erhebungen des Vereins für Sozialpolitik[1] „Über Auslese und Anpassung (Berufswahl und Berufsschicksal) der
Arbeiter in den verschiedenen Zweigen der Großindustrie"
(1910 ff. Bd. 133, 135 u. 138 der Vereinsvorschriften). Der
in dem zugehörigen Arbeitsplan abgedruckte, von den Bericht-
erstattern aber nur teilweise benutzte Fragebogen richtet nun
zwar an den Arbeiter die Frage (Nr. 17) nach dem „ungefähren Wochenverdienst" und „ob er in Zeit- oder Akkordlohn stehe". Indessen fußen die in den Untersuchungen enthaltenen Lohndarstellungen, soweit die Quellen überhaupt
erkenntlich sind, wohl ebenso auf Unternehmerlohnlisten wie
Arbeiterauskünften. Die exakten Angaben entstammen anscheinend ganz den Büchern der Unternehmer. Dies ist u. a.
der Fall bei Bernays' Mitteilungen in Bd. 133 S. 265, über
Lohnhöhe (= Leistungshöhe) und Lohnschwankungen bei
Akkordarbeitern in der Textilindustrie, gemessen nach halb-

---

[1] Der Verein ließ schon früher (1892) allerdings nur die üblichen oder
Durchschnittslöhne, nicht die wirklichen Individuallöhne der Landarbeiter
in Deutschland zur Darstellung bringen. Immerhin geben die Lohn-
satzangaben für die patriarchalisch verwalteten Gutsbetriebe ein ziemlich zuverlässiges Bild auch von den wirklichen Lohnverdiensten,
ein Bild, das besonders klarer ist als es bei gleichem Verfahren bei
modernen Industriebetrieben der Fall wäre, in denen die Konjunkturschwankungen meist auch in den Verdiensten ihrer Arbeiter schärfer
zum Ausdruck kommen infolge häufiger Herabsetzung der Arbeitszeit
oder gar völliger Arbeitslosigkeit, anderseits zahlreicher Überstunden-
arbeit. Besonders gilt dies für die Exportindustrie.

stündigen Verdiensten im Durchschnitt eines Jahres und unter
Berücksichtigung des Alters.

Es bedarf keines weiteren Beweises, daß eine Erhebung
des „ungefähren Wochenverdienstes", also eines Durschschnitts-
verdienstes, dessen Berechnung oder Schätzung man den
Arbeitern überließ, die teils dazu gar nicht fähig, teils den
Einflüssen von dritter, gewerkschaftlicher usw. Seite ausgesetzt
waren, niemals brauchbare Unterlagen für eine Lohnstatistik
liefern konnte. Das Ergebnis war also leicht vorauszusehen,
mögen auch die Arbeiterangaben durch Auskünfte ergänzt und
kontrolliert und gröbste Fehler bei den Lohnberechnungen,
die sich übrigens nur auf Tagesdurchschnitte bezogen, verhindert sein[1]. Die Lohnstatistik im ganzen befriedigt jedenfalls nicht, woran allerdings wesentlich das Mißtrauen und
daher geringe Entgegenkommen der Arbeiterschaft Schuld
trägt. So erhielten Heiß auf 3500 Fragebogen nur 181,
Schumann auf 1800 nur 173, Deutsch auf 2500 nur 283
brauchbare Antworten. Das Zahlenmaterial wurde dadurch
sehr klein, was schon von Bortkiewicz gelegentlich der
Besprechung der Erhebungen auf der Generalversammlung in
Nürnberg 1911 (Bd. 138, S. 172/173) treffend hervorhob.

Die methodologisch brauchbarste Lohnübersicht unter
diesen Vereinserhebungen möchte noch Dora Landé geliefert
haben. Sie berechnete nach Beschäftigungsarten, leider aber
ohne Berücksichtigung des Alters, an Hand der Lohnlisten
von fünf Großbetrieben der Berliner Maschinenindustrie für
2532 mindestens 285 Tage beschäftigte Arbeiter, Vollarbeiter
(1686 gelernte, 500 angelernte, 346 ungelernte), das wirkliche
Jahreseinkommen und durch Fortlassung des Überstundenverdienstes das Normaljahreseinkommen nach Lohnklassen
und teilte ferner auf Grund der Arbeiterantworten in
den ausgegebenen Fragebogen das Jahreseinkommen für
1648 Arbeiter (1057 gelernte, 298 angelernte, 293 ungelernte)
aller Zweige der Berliner Maschinenindustrie ebenfalls nach
Lohnklassen mit.

Anhang: Die Lohnsatzstatistik im besonderen.

In der bisherigen Darstellung der Lohnstatistik bzw. ihrer
Methoden[2], die trotz aller scheinbaren Ausführlichkeit doch

[1] z. B. bei Schumann in Bd. 135, S. 45 Anm.
[2] Einen guten Überblick geben vor allem Leo in dem Artikel
„Arbeitslohn (Statistik)" im Handwörterbuch der Staatswissenschaften
(1909 Bd. 1) sowie fortlaufend das Reichsarbeitsblatt; über die deutsche
Lohnstatistik unterrichtet im besonderen Walter Pupke „Die Lohn-
statistik in Deutschland" (1907), Hallenser Dissertation, sowie Johannes
Feig, „Statistik des Arbeitslohns und der Lebenshaltung" in Mayrs
Ehrengabe „Die Statistik in Deutschland" (1911) und schließlich er-

nur das nach Ansicht des Verfassers Wesentliche bringt, sind
dem hier verfolgten Zwecke gemäß in allererster Linie diejenigen Erhebungen berücksichtigt, die wirkliche Löhne zu
erfassen streben. Zweifelhaft war dabei allerdings schon, ob
zu den tatsächlich gezahlten Löhnen, genauer Verdiensten
(actual oder real earnings), auch die englischen Wochenlohnsätze
rechnen, die wie die amerikanischen Stundenlohnsätze bei normalem Geschäftsgange nur sagen, was der Arbeiter verdienen
k a n n (theoretischer Verdienst, earning capacity). Bedingt
kann man es tun, insofern auf solchem Wege, doch auch allgemein von den Löhnen eines mehr oder weniger erheblichen
Teils der Arbeiterschaft — in Gewerbezweigen mit gleich-
mäßigeren Konjunkturverhältnissen — ein annäherndes Wirk-
lichkeitsbild gegeben wird (vgl. die Anmerkung auf S. 53
dieser Schrift). Dagegen scheidet von vornherein aus die
gesamte Lohnstatistik auf Grund der Tarifverträge, da diese
im wesentlichen auf eine Minimallohnstatistik und dann auch
nur auf eine Statistik der Löhne, die der Arbeiter verdienen
kann, hinausläuft und eben infolge der vielen Abweichungen
von den vereinbarten Lohnsätzen in praxi selbst über die allgemeine Entwicklungstendenz der Löhne nur cum grano salis
Aufschluß gibt. Solche lohnstatistischen Angaben bieten für
Deutschland u. a. die „Beiträge für Arbeiterstatistik" Nr. 3, 4, 5
des Kaiserl. statistisch. Amts „Der Tarifvertrag im Deutschen
Reich" sowie R. K u c z y n s k i für mehrere Gewerbezweige,
auch einiger ausländischer Staaten, im II. Teil seines großen
mühevollen Werks „Arbeitslohn und Arbeitszeit in Europa und
Amerika 1870—1909" (1913). Für England speziell erscheinen
seit 1893 die jährlichen Übersichten des board of trade „Changes
in r a t e s of wages and hours of labour" auf Grund der Antworten in den an Arbeitgeber und Arbeiter herausgehenden
Fragebogen und in neuerer Zeit die ebenfalls jährlichen Übersichten über „standard time rates of wages", vorwiegend
fußend auf Tarifvertragsangaben.

Es mutet eigenartig an, daß trotz der doch auf der Hand
liegenden Verschiedenheit von Lohnsatz und Lohneinkommen
bei der amtlichen belgischen Erhebung von 1891 (Salaires et
Budgets ouvriers en Belgique au mois d'avril 1891) Unklarheit
darüber entstand, ob man allgemein gültige Lohnsätze oder
wöchentliche Einkommen erheben wollte.

Nicht in Betracht kommen schließlich die Ergebnisse der
Lohnenquêten, die naturgemäß fast nur durchschnittliche,
übliche, höchste, niedrigste, vorherrschende Löhne, also mehr
oder weniger ungenaue Schätzungen enthalten. Man beachte

---

schöpfend über die amtliche inländische und ausländische Lohnstatistik
M e e r w a r t h in Abschnitt 5 der „Beiträge zur Arbeiterstatistik" Nr. 12:
„Gebiete und Methoden der amtlichen Arbeitsstatistik in den wichtigsten
Industriestaaten" (1913).

beispielsweise die Abweichungen der Angaben in den Berliner Lohnenquêten, je nachdem sie aus Arbeitgeber oder Arbeitnehmerkreisen stammen.

Zweiter Abschnitt.

Vorschläge zur Reform der Lohnstatistik in ihrer heutigen Gestalt.

Übersieht man die ganze riesige lohnstatistische Literatur, so drängt sich die Frage auf: Woher kommt diese ungewöhnliche Vielgestaltigkeit der Methoden, die fehlende Einheitlichkeit, die leider von vornherein jeden Vergleich der Ergebnisse untereinander fast ganz verhindert? Ohne die Frage erschöpfend beantworten zu wollen, soll das eine betont werden, daß gerade die Lohnstatistik von jeher ein Tummelplatz der Parteien, Arbeitnehmer und Arbeitgeber, war und dies bis zu einem gewissen Grade wohl immer sein wird. Und wenn überhaupt und irgendwo die Charakterisierung der Statistik als „feile Dirne", ein Wort des Franzosen Fuster, zutrifft, so auf lohnstatistischem Gebiet. Immerhin läßt sich doch ein gewisser Ausgleich in neuerer Zeit beobachten, indem einerseits die Arbeitgeberschaft wachsend den individuellen wirklichen Arbeitslohn statistisch zu erfassen sucht und anderseits wiederum die Arbeiterschaft sich nicht auf bloße, oft unbewußt oder bewußt unrichtige Aussagen des einzelnen stützt, sondern den schriftlichen Nachweis der genauen Löhne durch Sammeln der Lohnzettel zu erhalten sucht. Das sind Fortschritte, die man gar nicht hoch genug veranschlagen kann.

Der Streit über den Zweck der Lohnstatistik.

Durch diese elementaren Interessengegensätze ist indes die so ungewöhnliche Verschiedenheit der Methoden, der Lohneinheiten noch nicht erklärt. Es kommt vielmehr vor allem noch ein anderes hinzu: der Methodenstreit in den mehr, wenn auch natürlich nicht ganz[1], außerhalb der streitenden Parteien stehenden Kreisen. Im ganzen lassen sich hier zwei Richtungen unterscheiden: Die eine, die ältere, wird vor allem von Viktor Böhmert, dem um die Lohnstatistik in Theorie und Praxis wohl meist verdienten Schriftsteller, vertreten, der seine Ansichten über die Methode der Lohnstatistik, denen auch von dem Internationalen statistischen Institut in Wien 1891 zugestimmt wurde, in der „Zeitschrift des Königl. Sächs.

---

[1] Denn alle Menschen haben mehr oder weniger Anteil an den Arbeiter- oder Arbeitgeberinteressen.

statistischen Bureaus" 1892 (Jahrgang 38) S. 145 ff. und besonders in der zweiten Auflage des Handwörterbuches der
Staatswissenschaften 1898, 1. Bd. S. 885 ff., Artikel „Arbeits-
lohnstatistik", niedergelegt hat. Die andere, gegenwärtig
herrschende, weist als Hauptvertreter Franz Eulenburg in
seiner gedankenvollen, sehr kritischen Schrift „Zur Frage der
Lohnermittlung" (1899) sowie Viktor Leo, Artikel „Arbeitslohn (Statistik)" in der dritten Auflage des Handwörterbuchs
(1909) Bd. 1 S. 1065 ff. auf. Diese beiden Gruppen unterscheiden sich zunächst überhaupt schon in ihrer Anschauung
über den Zweck der Lohnstatistik. Böhmert sagt (Handwörterbuch 1898, Bd. 1 S. 894): „Zweck der Lohnstatistik
kann nur sein, eine Schilderung der sozialen Lage und einen
Überblick über die Daseinsbedingungen einer bestimmten
Klasse von Arbeitern an einem bestimmten Orte zu geben."
Leo betont, daß es sich bei der Lohnstatistik „nicht um
die Frage nach der Gesamtlage des Arbeiters handelt" (Handwörterbuch 1909 Bd. 1 S. 1066) und ebenso Eulenburg
a. a. O. S. 5: „Die Frage des Lohnes ist nicht identisch mit
der Frage nach der Gesamtlage des Arbeiters", S. 6: daß
„die Lohnermittlung immer nur ein kleiner Teil der Sozialstatistik überhaupt sein kann" und weiter, daß „nicht als
Aufgabe der Lohnermittlung die Darstellung der persönlichen
Verhältnisse der Arbeiter — die Frage nach der Zahl der
Kinder, ob Besitz eines eigenen Hauses, ob noch Neben-
einnahmen durch Abvermieten oder sonst, ob Wohlfahrts-
einrichtungen oder dergleichen vorhanden sind — zu betrachten ist, sondern das Problem ist eben das der Lohnverhältnisse selbst". Man sieht, die einen (Böhmert und
Genossen) haben die Lohnstatistik im weiteren Sinne, die
anderen (Leo und Genossen) die Lohnstatistik in engerem Sinne
im Auge, was allerdings in den Beschlüssen des Internationalen
statistischen Instituts von 1891 nicht scharf genug unterschieden wurde. Es dürfte nun soviel zu sagen sein, daß die
Lohnstatistik wie seine Statistik Selbstzweck und daher
in engstem Zusammenhang mit der übrigen, besonders die
Lage der arbeitenden Klassen ziffernmäßig (und schon deshalb
nie erschöpfend!) darstellenden Sozialstatistik zu behandeln
ist und demgemäß ihre Methoden zu wählen sind. Das eine
wird kaum von einer Seite bestritten, daß die Lohnstatistik
im engeren Sinne allein und am wenigsten in der Art, in der
sie bis heute regelmäßig gepflegt wird, nicht befriedigt, indem
sie lediglich die Nominallöhne wiedergibt, die an sich mindestens
bei einem größeren Beobachtungsgebiet über die Lohnkauf-
kraft ungenügend aufklären. Es bleibt hiernach, so scheint
es, lediglich eine Frage der Zweckmäßigkeit, ob bei lohnstatistischen Erhebungen zugleich weitere Unterlagen für die
Beurteilung der sozialen Lage der betreffenden Bevölkerungs-

schichten zu beschaffen sind, wie es mit einem gewissen
Recht B ö h m e r t und Genossen verlangen, oder ob dies einer
gesonderten Erhebung vorbehalten werden soll. E u l e n b u r g
hält ein Hinausgehen über die eigentlichen Lohnverhältnisse
durch solche Mannigfaltigkeit der Fragestellungen nur für geboten bei entsprechender Kleinheit des Objektumfanges.

Reformvorschläge.

1. Erfassung der wirklichen individuellen Verdienste.

Gehen die Ansichten schon über den Zweck der Lohnstatistiken auseinander, so mit deshalb und nicht minder über
die bei der Lohnstatistik in engerem Sinne zu beachtenden
Methoden. Dies gilt zunächst hinsichtlich der Lohnzeiteinheit.
Ehe zu diesem Streitpunkt Stellung genommen wird, muß
aber Klarheit darüber geschafft werden, was überhaupt erfaßt
werden soll: der Lohnsatz, geschätzte Lohn oder tarifmäßig
festgesetzte Lohn, der wirkliche Lohn oder der wirkliche Verdienst (d. h. der um etwaige Auslagen für Werkzeuge, wie
das Gezähe und Geleuchte im Bergbau usw. gekürzte Lohn,
der „Freilohn"). Wer über die Arbeitseinkommen der Arbeiter
als Konsumenten Aufschluß haben will, wie auch E u l e n -
b u r g und L e o es schließlich erstreben, dem kann es nicht
zweifelhaft sein, daß uns nur eine Statistik des wirklichen,
für die Lebenshaltung des Arbeiters verfügbaren Arbeitsverdienstes besonders für den hier in Frage stehenden Zweck
Klarheit zu geben vermag. Eine Statistik der Lohnsätze und
wesentlich auf Lohnschätzungen hinauslaufende Lohnenquêten
sind keine richtigen Lohnstatistiken, sondern nur Notbehelfe,
gewiß wertvoll und unentbehrlich, zumal solange eine brauchbare Lohnstatistik fehlt. Um Vergleiche der Verdienste der
Natural- und Geldlohnarbeiter überhaupt zu ermöglichen, wird
sich eine Umrechnung der Naturallöhne in Geldbeträge nach
den jeweiligen Preisverhältnissen oder die der Geldlöhne in
Real-, Naturalbezüge [1] nicht umgehen lassen. Ebenso müssen
grundsätzlich die aus Wohlfahrts- und Versicherungseinrich-
tungen aller Art während und nach der Berufsausübung den
Arbeitern gewährten Vorteile — doch nur, soweit sie eben
Folge des Arbeitsverhältnisses sind! — dem Arbeitsverdienst
zugerechnet werden. Andernfalls würde ein ganz falsches Bild
von den Arbeitverdienstverhältnissen und Arbeitsbedingungen
gegeben werden, mag auch manche Ungenauigkeit bei solcher

---

[1] Letzteres ist ja noch schwieriger als ersteres; denn „auch der
kleine Mann, der Arbeiter, lebt", wie Adolph W a g n e r sich in der
Zeitschrift des Königl. preuß. statist. Landesamts 1904 S. 49 ausdrückte,
„nicht vom Brot allein", sondern hat sehr mannigfaltige, je nach Herkunft und Anlagen individuell verschiedene Bedürfnisse.

Zurechnung unvermeidbar sein. Es muß leider darauf verzichtet werden, hier näher auf diesen wichtigen Punkt ein-
zugehen.

Ferner wird eine gesonderte Darstellung der Verdienste
einschließlich und ausschließlich der Nebeneinkünfte dringend
geboten sein.

2. Feststellung des wirklichen individuellen Jahres-
verdienstes.

Wer nun wiederum den Lohn des Arbeiters als Einkommen, nicht als Ausgabe des Unternehmers, als Produktionskostenelement[1] auffaßt, sollte kaum im Ungewissen darüber
sein, für welche Zeiteinheit die Löhne zu ermitteln sind. In
der bisherigen Lohnstatistik herrscht in diesem Punkte ein
kaum noch zu übertreffendes Durcheinander: bald bildet die
Grundlage der Untersuchungen der Stundenlohn[2], bald der
tägliche, bald und wohl am häufigsten der wöchentliche,
seltener der monatliche[3], bald der vierteljährliche[4], bald der
halbjährliche[5], schon öfters der jährliche Lohn. Welche Zeiteinheit ist die richtige? An sich könnte man sich auf den
Standpunkt stellen, daß es die eine wie die andere sein kann.
Die Hauptsache bleibt zunächst, daß die Lohneinheit aus den
wirklichen individuellen Arbeiterlöhnen errechnet, nicht
nur geschätzt wird. Letzteres war bisher doch in der Regel
der Fall. Es sei beispielsweise an den üblichen Wochenlohn
bei voller Arbeit bei der englischen Lohnerhebung von 1886
erinnert. Wenn anderseits Wörishoffer für die badischen
Zigarrenarbeiter „die Verdienste von zwei Winter- und zwei
Sommerwochen für jeden Arbeiter in ein Verzeichnis eingetragen und den vierten Teil ihrer Summe als individuellen
durchschnittlichen Wochenlohn angesehen" oder für jeden der
Mannheimer Fabrikarbeiter an Hand der Lohnlisten „aus einer
in bestimmter Weise auseinanderliegenden Reihe von Wochen,
deren Gesamtlohnsumme annähernd die mittlere war (also
wohl nicht überall dieselben Wochen? Der Verf.), die einzelnen
Wochenverdienste auf einem besonderen Formular, eingetragen
und daraus die Mittel berechnet hat", so ist dieses Verfahren

---

[1] „Das Verhältnis des Lohnes zur Gesamtproduktion ist ein Problem
für sich, das durch eine Individuallohnstatistik gar nicht gelöst werden
kann", sagt Eulenburg a. a. O. S. 36 treffend.

[2] Sehr selten der Jahresstundenverdienst, wie ihn Bauer für
die Brünner Maschinenindustrie und auch Jollos für die Berliner
Metallindustrie berechnet hat.

[3] So in Benno Karpeles' „Die Arbeiter des mährisch-schlesischen
Steinkohlenreviers". Leipzig 1894.

[4] So teils in Clem. Heiß, „Die Entlöhnungsmethoden in der Berliner Feinmechanik". 1909.

[5] So die Winter- und Sommereinkommen wiederum für die Brünner
Maschinenindustriearbeiter.

zwar ohne Zweifel exakter als z. B. jenes englische von 1886;
die Basis ist aber immerhin noch zu schmal, mag solche Beschränkung in diesem Falle auch aus praktischen Gründen
berechtigt gewesen sein. Die exakte Feststellung, also nicht
die bloße Schätzung des wirklichen Verdienstes wird nun um
so schwieriger, und die gefundene Größe um so abstrakter,
je kleiner die zugrund gelegte Zeiteinheit ist. Es kann
Eulenburg nicht beigestimmt werden, wenn er a. a. O.
S. 45 sagt: „Die Lohneinheit schließt sich unter unseren
Kulturverhältnissen am besten den gegebenen Einheiten des
Tages und der Woche an." Gerade die gegen früher weit
genaueren Untersuchungen über die Lohnverhältnisse der
Arbeiter, vor allem die vom „Zentralverein für das Wohl der
arbeitenden Klassen" veranlaßten, lehren, welchen oft un-
geheueren Schwankungen die individuellen Arbeitslöhne ausgesetzt sind, entsprechend der immer noch wachsenden
Rationalisierung der Betriebe, dem weiteren Ausbau der Entlöhnungsmethoden in der Richtung einer besseren Ausnutzung
der Arbeitskräfte. Dieser Tendenz gegenüber, für die der
einzelne, unter dem Druck der Konkurrenz stehende Unternehmer gewiß nicht verantwortlich gemacht werden kann,
vermögen auch die mehr nur numerisch erstarkenden Arbeiterorganisationen relativ wenig auszurichten, zumal im Hinblick
auf das Gegengewicht, das ihnen die wohl finanziell im ganzen
stärkeren und auch sonst in sich geschlosseneren Arbeitgeber-
organisationen bieten. Nun liegen die Verhältnisse besonders
in den einzelnen Erwerbszweigen, aber auch in ganzen Industrien natürlich ungleich. Immerhin möchte sich jene
Tendenz im ganzen modernen Wirtschaftsleben beobachten
lassen, am krassesten allerdings dort, wo das Akkordlohn-
system alle Arbeitszweige nahezu beherrscht wie in der Eisen-
und Maschinenindustrie. Es sei hier nur auf die zahlreichen
Individuallohntabellen in den mehrerwähnten Schriften des
Zentralvereins verwiesen[1]. Nun scheinen zwar die danach
zutage tretenden Schwankungen der Wochenverdienste insofern noch größer zu sein, als sie in Wirklichkeit ohnehin
sind, weil bei langlaufenden, bis viertel- und halbjährlichen
Akkorden an den Zahltagen der hier meist vierzehntägigen
Lohnperioden lediglich eine je nachdem verschieden bemessene
Abschlagszahlung und erst am Ende des Akkordes ein die
Abschlagszahlungen mehr oder weniger überragender Akkord-
überschuß zur Auszahlung kommt. Die richtigen Wochen-

---

[1] so auf Heft 3 (S. 82 ff.) hinsichtlich der Hannoverschen Eisenindustrie, für die sich sogar bei gleicher Arbeitsstundenzahl stärkere
Schwankungen der Wochenverdienste nachweisen lassen, für die
bayrische Eisen- und Maschinenindustrie auf Heft 7 (u. a. S. 86 ff.
Wochenverdienste betr.) und für die Berliner Feinmechanik auf Heft 8
(besonders S. 343 ff., auch Wochenverdienste betreffend).

verdienste sind gleichmäßig. Gleichwohl sprechen allein diese
Zahlungsmethoden gegen die Zugrundelegung der eben als
solche oft gar nicht gebuchten Wochenlöhne in einer Lohnstatistik, wenn anders nicht umständliche Ergänzungsrech-
nungen angestellt werden sollen. — Dazu wird der Arbeiter
vielfach von einer Arbeit zur anderen, von einer gut zu einer
minder gut belohnten hin und her geschoben, so daß auch
infolgedessen die wirklichen Wochenverdienste bedeutend voneinander abweichen. Außerdem werden Lohnschwankungen bedingt durch Krankheit und andere in der Natur des Arbeiters,
seiner Interessen und Bedürfnisse begründete Umstände
(Streiks usw.). Dora Landé hat demnach durchaus recht,
wenn sie in den Schriften des Vereins für Sozialpolitik Bd. 134, II
S. 360 schreibt: „Das von Eulenburg in seiner Untersuchung
‚Zur Frage der Lohnermittlung‘ empfohlene Verfahren, den
Lohnlisten der Betriebe die Verdienste einer bestimmten Woche
zu entnehmen, würde bei der Mannigfaltigkeit der Produkte
mancher Fabriken, bei der eigentümlich wechselnden Arbeits-
zuteilung und der heutzutage fast allgemein üblichen Löhnungs-
und Abrechnungsmethode stellenweise zu ungeheuren Irr-
tümern führen.“ Daß Bequemlichkeits- usw. Gründe für die
Wahl des Wocheneinkommens sprechen, soll deshalb auch
Eulenburg (a. a. S. S. 132) in keiner Weise bestritten
werden. Dadurch darf aber die grundsätzliche Stellung in
dieser Frage nimmermehr bestimmt werden.

Mit der Geeignetheit des Monatsverdienstes steht es nicht
viel anders als mit der des Wochenverdienstes, wenngleich
die Änderungen in der Lohnhöhe bei Wahl des Monats als
Einheit schon eher ausgeglichen werden dürften. Noch mehr
möchte letzteres für Vierteljahres- oder Halbjahresverdienste
zutreffen, die beide aber doch etwas willkürlich gewählte Einheiten zu sein scheinen. Außerdem denke man an die Verschiedenheit der Sommer- und Winterlöhne, an die vielfach
beobachtete Erscheinung besonders hoher Verdienste vor Weih-
nachten infolge meist in eigenem Interesse angespannterer
Tätigkeit der Arbeiter.

Nach allem ist weder Stunde noch Tag, Woche, Monat,
Viertel-, Halbjahr die gegebene Zeiteinheit, sondern das ganze
Jahr, das sich noch am meisten mit einer inneren wirtschaftlichen Einheit deckt. Für seine Wahl bei lohnstatistischen
Ermittlungen sprechen mehr oder weniger die gleichen Gründe,
wie bei den Haushaltungsrechnungen, für die sie jezt wohl
allerseits gefordert wird [1].

---

[1] Bücher befürwortet sogar in dem Artikel „Haushaltungsbudgets
und Wirtschaftsrechnungen?“ (Tübinger Zeitschrift 1906 S. 691) im Hinblick auf die Verschiedenheit des Bedarfes in den einzelnen Jahren eine
Führung der Wirtschaftsrechnungen während einer längeren Reihe von
Jahren. Solche mehrjährigen Rechnungen sind wiederholt veröffentlicht,

Den Haupteinwand gegen den Vorschlag des Jahresverdienstes als Lohneinheit bildet der Hinweis, daß die Arbeiterschaft sehr stark fluktuiert (was nicht bestritten werden soll![1])
und somit bei Zugrundelegung der Jahresverdienste immer nur
ein Teil der Arbeiterschaft, nämlich der ständige, mindestens
ein Jahr in demselben Betrieb tätige, berücksichtigt werden
würde[2]. Stichhaltig ist jener Einwand aber trotzdem höchstens
bei einer einmaligen Lohnerhebung und bei Begrenzung der
Beobachtung auf einen kleinen Bezirk oder gar nur eine Fabrik.
Geschieht dies nicht, würden Löhne der einzelnen Arbeiter,
natürlich unter Bildung von Durchschnittsgrößen ins Auge
gefaßt, gleichgültig wo die Arbeiter ihr Brot finden, so ist
das Bedenken gegen die Jahreseinheit gehoben. Dazu bedarf
es aber vor allem fortlaufender systematischer Lohnerhebungen
und zwar in Deutschland am besten im Anschluß an die
Krankenversicherung unter Anlegung von Individualzählkarten,
gegebenenfalls als besonderer Abschnitte der früher (S. 31)
vorgeschlagenen Gesundheitskarten, mit denen zusammen sie
bei Berufs-, Stellen- oder Ortswechsel an die zukünftig zuständige Krankenkasse zu überweisen wären[3]. Die Kranken-
versicherungsorgane, die natürlich trotzdem nötigenfalls zur
Erforschung des genauen Lohnes mit den anderen Sozial-
versicherungsorganen in Verbindung treten könnten oder müßten,
sind auch deshalb die gegebenen Lohnerhebungsstellen[4], weil
sie den größten Versicherungskreis aufweisen, einen größeren
Kreis z. B. als die Unfallberufsgenossenschaften, denen nur
die „größere Hälfte" der Lohnarbeiterschaft unterstellt ist.

Ein naheliegender Einwand ist auch der, daß selbst die
Jahresverdienste erhebliche Schwankungen aufweisen, individuell und allgemein[5]. Das soll nicht bestritten werden. Es
wird darauf später (S. 76 Anm. 1) zurückzukommen sein.

---

so im Anschluß an den Bücherschen Aufsatz von v. K e l l e r, ferner
schon früher u. a. von A. E m m i n g h a u s in Conrads Jahrbüchern 1904
(Bd. 83, 3. F. Bd. 28 S. 650 ff.) für die Zeit von 1862 bis 1903.

[1] In der von B a u e r 1895 untersuchten Brünner Maschinenindustrie
hatten zur Zeit der Untersuchung nur 43 % der Arbeiter ihre Stelle
während eines ganzen Jahres inne. Heute ist der Stellen- oder Berufswechsel meist gewiß noch größer.

[2] So E u l e n b u r g a. a. O. S. 78 und W ö r i s h o f f e r in „Zur Frage
der Lohnstatistik" (Tübinger Zeitschrift 1893, Bd. 49 S. 398).

[3] An diese — und zwar die O r t s k r a n k e n k a s s e — hätten auch die
in dem betreffenden Bezirk befindlichen Betriebskrankenkassen ihr
Material weiterzugeben zur Verarbeitung oder, falls solche durch ein
städtestatistisches Amt geschieht, an das letztere.

[4] Dem steht natürlich nicht entgegen, daß sie dabei von den städtestatistischen Ämtern unterstützt werden, wenn diese nicht überhaupt,
wie schon heute oft, die Fertigung der Lohnstatistiken überhaupt über-
nehmen — der Einheitlichkeit wegen unter Oberleitung der arbeitsstatistischen Abteilung des Kaiserlich statistischen Amts.

[5] Vgl. u. a. S. 75 ff. der T i m m e r m a n n schen Schrift.

Die Arbeitszeit als Einteilungsgrund?

Schließlich erheischt noch eine wichtige Frage an dieser
Stelle Antwort: Ist nicht das Jahresarbeitseinkommen der
Entgelt für Leistungen, die der effektiven Arbeitsdauer nach
recht verschieden sind? Ganz gewiß! und zwar gilt dies oft
genug für dieselben Erwerbszweige, je nach den Konkurrenz-
und Konjunkturverhältnissen, nach Größe, Technik und Organisation des Betriebs. Je weiter wir fortschreiten, je mehr unsere
deutsche Volkswirtschaft den Weltmarkt erobert, desto kompli-
zierter werden auch die Arbeitszeitverhältnisse. Man müßte
also folgerichtig eigentlich die jährlichen Arbeitseinkommen
gliedern, je nach der Zahl der effektiven Arbeitsstunden und
ihrer Verteilung auf das Jahr, nach dem Schichtsystem (reinem
Tagesbetrieb, doppeltem oder dreifachem Schichtsystem), an
sich wichtige Unterscheidungsmomente. Indes wäre es, abgesehen von den fast unüberwindbaren Schwierigkeiten, die
sich einem zahlenmäßigen Ausdruck aller dieser Verschiedenheiten in der Arbeitszeit entgegenstellen, grundfalsch, die Arbeitsstunde in den verschiedenen Gewerben und Betrieben ohne
weiteres als gleichwertig anzusehen, wie u. a. schon R o d b e r t u s
richtig erkannte, indem er deshalb für jedes Gewerbe einen
verschiedenen normalen Zeitarbeitstag von 6, 8, 10, 12 Stunden,
je nach der Verschiedenheit der Arbeit, vorschlug[1]. Auf der
anderen Seite ist die arbeiterphysiologische Forschung, die sich
ungewöhnlichen praktischen, auch zukünftig wohl nur teilweise
überwindbaren Hemmnissen gegenüber sieht, noch nicht so
weit fortgeschritten, daß sie einen anderen besseren Vergleich-
maßstab liefern könnte. Hiernach dürfte sich auch der belgische
Lohnzensus von 1896 mit Recht auf den vorderhand eben
aus praktischen Gründen allein möglichen Standpunkt gestellt
haben, daß z. B. eine Arbeitsstunde des Kohlenarbeiters nicht
gleichbedeutend sei mit einer Stunde des Webers, und daß
diese Verschiedenheit des Normalarbeitstages eben die Eigentümlichkeit des einzelnen Gewerbes zum Ausdruck bringt.
Im ganzen kann dieses Verfahren natürlich nur ein vorläufiger
Notbehelf sein, der die Berücksichtigung abnormer Arbeitszeitverhältnisse, vor allem durch methodisch geordnete Behandlung der davon getroffenen Arbeiter nicht ausschließt. In jedem
Falle wäre u. a. eine Trennung von Tag- und Nachtbetrieben und
noch weiter, je nach dem Schichtsystem, von vorneherein zu
erwägen.

3. Berechnung von Durchschnittslöhnen als zweck-
mäßigster Mittelwerte.

Bei der möglichst exakten Ermittlung individueller Jahreseinkommen kann es natürlich nicht bewenden. Denn was läßt

---

[1] Tübinger Zeitschrift 1878 S. 326.

sich mit einer Zahlenreihe beginnen, die besagt, daß von annähernd 700 Arbeitern einer mechanischen Weberei kaum drei oder vier ein und denselben Lohn beziehen[1] oder, daß in zahlreichen italienischen Fabriken der Eisenindustrie nach Feststellung an Hand der Lohnlisten beinahe jeder Arbeiter einen anderen Jahresverdienst hat[2]? „Je zahlreicher die Glieder und Gliedergruppen sind, um so mehr macht sich das auf möglichste Konzentrierung der Erkenntnis gerichtete Streben geltend, statt einer Mehrzahl von Ausdrücken, wie die Reihe sie bietet, einen einzigen einfachen Ausdruck zu finden, der in sich das Gesamtergebnis der Reihe in übersichtlicher Weise enthält." (v. Mayr.) Daher gilt es auch, die etwa gewonnene Unsumme von Einzellöhnen, die im Grunde genommen nur das Urmaterial darstellen[3]. zu verarbeiten und Mittelwerte, eine Gruppe der Verhältniszahlen in wirklichem Sinne zu bilden. Als solche Mittelwerte kommen in Betracht:

1. der dichteste Wert (Modus),

2. der Zentral- (Median-) Wert sowie die ihn ergänzenden unteren und oberen Quartile oder Viertelwerte, eventuell auch die Decile, Percentile usw. Werte und vor allem

3. die Durchschnittszahl — und zwar das einfache und gewogene arithmetische Mittel —, als welche die Indexzahl wohl am bekanntesten ist, wird mitunter auch geometrischer Durchschnitt genannt.

Alle diese Mittelwerte haben ihre Berechtigung und sind demgemäß auch in der Lohnstatistik berechnet worden. So berücksichtigte z. B. das amerikanische Zensusamt 1900 unter Berechnung der Anteilssätze, die auf die einzelnen überaus zahlreichen Stunden- und Wochenlohn-, sowie Wochenverdienststufen entfallen und die von ihm kummulative Prozente (cummulative percentage) genannt werden, den Medianwert und Quartile; ferner ermittelte Professor Falkner in der Einleitung des 1892 unter Leitung des Arbeitsamts herausgegebenen Berichts „Retail prices and wages" Lohnindex und Gesamtindexziffern, während die englische amtliche Lohnstatistik 1906 sowohl Durchschnittsverdienste als auch Medianwerte, untere und obere Quartile aufweist. Der belgische Lohnzensus von 1896 wiederum bediente sich bekanntlich einer den Quartilen verwandten Methode, nämlich der Methode der sog. 75 % und sah in dem so gefundenen Mehrheitslohn den einheitlichen Ausdruck der Lohnverhältnisse in den einzelnen

---

[1] So nach Böhmerts „Die Weberlöhne einer Fabrik in Merane" 1877.

[2] Nach Werner Sombart, „Lohnstatistische Studien" in Brauns Archiv 1889 S. 266/67.

[3] Was u. a. die Beschlüsse des internationalen statistischen Instituts von 1891 merkwürdigerweise nicht zum Ausdruck brachten.

Industriezweigen, jeweils unter Fortlassung der Löhne der
„unproduktiven" Arbeiter (ouvriers des services généraux).

Die größte Rolle spielt in der Lohnstatistik aber wohl
der Durchschnittslohn, trotzdem er nicht selten gerade von
Fachstatistikern als ungeeignetes Mittel, Gesamtheiten zu
charakterisieren, bezeichnet wird. Indes geht es nicht an, ihn
in Bausch und Bogen zu verwerfen. Vielmehr wird es auf
die Gesamtheiten ankommen, für die er gebildet wird. Dem
für die ganze Arbeiterschaft auf einer Fabrik noch so „exakt"
berechneten Durchschnittslohn wohnt allerdings kaum irgendwelche Beweiskraft inne und Alban F ö r s t e r hat recht, wenn
er in der Zeitschrift des Königlich sächsischen statistischen
Bureaus 1892 S. 172 betont: „Ein richtiges Bild von den
Lohnverhältnissen einer Fabrik kann ein solcher Durchschnittslohn nun und nimmermehr gewähren." Dagegen überzeugt
nicht die angefügte Begründung, daß „vielleicht nicht einer
der Arbeiter diesen ausgerechneten Durchschnittslohn bezogen
hat". Denn letzteres wird schließlich so gut wie nie zutreffen
und der Durchschnittslohn um so mehr eine abstrakte Größe
und um so weniger typisch sein, je rationeller oder kapita-
listischer die Arbeitskräfte entsprechend ihren großen, individuell bedingten Verschiedenheiten verwertet werden. Dem
typischen Lohn wird er sich übrigens gegebenenfalls vielleicht
durch Ausschaltung der Extreme annähern lassen. Besonders
bei dem hier angestrebten Ziel einer Kombination von berufs-
sterblichkeits- und lohnstatistischen Größen zu einer Arbeitspreisstatistik kann man ihn jedenfalls niemals ganz entbehren,
so wenig, wie Durchschnittswerte in der Statistik überhaupt.
„Denn es ist nicht nur im Wesen der Statistik begründet,
sondern überhaupt im Wesen unserer Erkenntnis: wir wollen
und können gar nicht alle Einzelheiten brauchen, wir bedürfen
durchaus der Mittel und Typen." (E u l e n b u r g a. a. O. S. 42.)
Es wird hiernach alles auf eine sinngemäße Gliederung der Lohnarbeiterschaft in unter sich möglichst einheitliche Gesamtheiten
ankommen. Folgerichtig muß man sich wesentlich an die für
die Berufssterblichkeitsstatistik gemachten Vorschläge an-
lehnen — um so mehr, als der Lohn auch heute noch zu
einem nicht geringen Teil Maßstab und Ausdruck der körperlichen Leistungsfähigkeit und Widerstandskraft ist.

4. Gliederung der Lohnempfänger in unter sich ein- heitliche Gruppen.

A. Sinngemäſse Abgrenzung des Untersuchungs- gebiets.

Aus dem früher (S. 62) gemachten Vorschlage der Ein-
richtung einer fortlaufenden Lohnstatistik im Anschluß an
die Sozialversicherungsorganisationen, besonders die Kranken-

versicherung, ergibt sich von vornherein die Antwort auf die
Frage nach dem räumlichen und zeitlichen Umfang des Untersuchungsgebietes, zumal im Hinblick auf die ins Auge gefaßte
Kombination mit der Berufssterblichkeitsstatistik. Es bleibt
hier nur noch zur Vermeidung von Mißverständnissen nötig,
zu betonen, daß damit natürlich keineswegs einer einheitlichen
Behandlung der ganzen deutschen Lohnarbeiterschaft, auch
nicht bei berufsweiser Gruppierung, das Wort geredet werden
soll — aus ähnlichen, wenn nicht denselben Gründen, wie sie
hinsichtlich der Berufssterblichkeitsstatistik (S. 19/20) kurz erwähnt sind. Die Wahl kleinerer Beobachtungsgebiete empfiehlt
sich, was hier noch hinzugefügt zu werden verdient, nicht
zuletzt im Hinblick auf die zwar dann noch nicht völlige,
aber immerhin größere Einheitlichkeit der Lebensmittelpreise
und damit der Kaufkraft der Löhne.

Dem Vorschlag des Internationalen statistischen Instituts
in seiner Sitzung von 1891, in erster Linie „Statistische Darstellungen der Arbeitslöhne in bestimmten Etablissements,
welche als Typen dienen können, zu unternehmen", kann
demnach nicht beigepflichtet werden, ganz abgesehen von der
auch von anderer Seite (so von Leo a. a. O. S. 1068) be-
tonten Schwierigkeit, die der Auswahl von „Typen" entgegen-
steht. Die Berechtigung der monographischen Darstellung wird
damit natürlich nicht bestritten. Weiterhin kann ein System
von Erhebungen, bei denen die verschiedenen Methoden gleichmäßig zu ihrem Rechte kommen, der Lohnsatz wie der Lohn-
verdienst ihre Stelle finden (Eulenburg a. a. O. S. 139/140)
nimmermehr befriedigen, sondern wiederum höchstens Notbehelf sein, d. h. so lange, wie eine zeitgemäße Sozialstatistik
noch fehlt. Ebensowenig genügt eine Darstellung der Lohnverhältnisse einzelner Industriegruppen je in fünf- bis zehn-
jährigen Abständen voneinander (Eulenburg a. a. O. S. 137),
da damit der wichtige von Eulenburg selbst (S. 73) als
notwendig bezeichnete Zweck der Vergleichbarkeit der Löhne
in den verschiedenen Industrien erschwert, wenn nicht unmöglich wäre.

B. Stellung des Arbeiters im Gewerbe.

Beschäftigungsart und soziale Stellung S. 67; Größe und Art des Betriebes S. 67. — Gesondert: Die Lohnform als Einteilungsgrund? S. 69;
Örtliche Lage des Betriebes S. 70.

Schon früher wurde hervorgehoben, wie sinnlos es wäre,
sich mit der Berechnung von Durchschnittslöhnen für die gesamte Arbeiterschaft auch nur einer einzigen Fabrik zufrieden-
zugeben. Es herrscht daher heute im Gegensatz zu den Ansichten auf berufssterblichkeitsstatistischem Gebiet kaum noch
ein Streit über die Notwendigkeit der Gliederung der Arbeiter
nach Beschäftigungsarten, Berufsspezialitäten und sozialen

Stellungen. So schlug B ö h m e r t 1891 dem Internationalen statistischen Institut unter VI. 8, 9 für die Arbeiterzählkarte u. a. vor, die Frage nach der „Art der Beschäftigung (z. B. Schlosser, Zigarrensortierer, Möbelpolierer, Schriftsetzer usw.)" und nach der „Arbeitsstellung (ob Werkmeister, Werkführer, Vorarbeiter, Arbeiter usw.)" so speziell wie möglich zu fassen. E u l e n b u r g wiederum nannte (a. a. O. S. 9) die Scheidung nach der Beschäftigungsart ein primäres Moment und ähnlich zählt L e o (S. 1075) Berufsspezialität und Stellung im Betrieb zu den wesentlichen Momenten. In der amtlichen Praxis hat man dem noch recht unzulänglich Rechnung getragen. Unter anderem werden in der periodischen Leipziger Lohnklassenstatistik auf Grund des Krankenkassenmaterials nur die großen Berufsgruppen berücksichtigt. Ebenso verbesserungsfähig ist die Gliederung der preußischen Bergarbeiterlohnstatistik, die z. B. alle unterirdisch beschäftigten Bergarbeiter, also Häuer, Förderer, Schlepper usw., zusammenfaßt ähnlich wie die periodische österreichische Bergarbeiterlohnstatistik, doch im Gegensatz zu der ebenfalls amtlichen österreichischen Untersuchung über die Arbeiter im Ostrau-Karwiner Steinkohlenrevier 1900—1901. Daß aber die Anforderungen an das technische Können, an Geschicklichkeit und Präzision, an die Intelligenz und das Verantwortlichkeitsgefühl, und daß daher auch die Entlöhnung selbst in dem gleichen Spezialberuf recht verschieden sein können, soll nicht verschwiegen werden.

Zur Begründung der Notwendigkeit solcher Teilung nach Berufsart und Stellung bedarf es eigentlich nur des Hinweises auf die nahezu regelmäßigen Verschiedenheiten der Lohnbezüge, beispielsweise der Vorspinner und Weber oder der Kohlenhäuer, Schlepper, Förderer, oder gar der Hofarbeiter, Tagelöhner und Mechaniker usw. und anderseits der Meister, Monteure und einfachen Maschinenarbeiter [1] selbst in dem gleichen Betriebe. Der ganze Reichtum der Formen und Gliederung eines modernen Fabrikorganismus kommt einem jeden dabei zum Bewußtsein und fordert Rücksicht auch in der Lohnstatistik.

Diese Forderungen an die Statistik gelten nicht nur für den einzelnen Betrieb, sondern auch für die Gesamtheit der Betriebe eines ganzen Industriezweiges und zwar außerdem je nach der Betriebsweise, Technik und Größe des Unternehmens! Am nächstliegendsten ist wohl die Gruppierung der Lohnempfänger nach Klein-, Mittel-, Groß- und Riesenbetrieb, indem der Technik des Unternehmens die Zahl der beschäftigten Personen zu entsprechen und u. a. Kleinbetrieb

---

[1] So weiß B o s s e l m a n n a. a. O. S. 66/67 von Meistern und Obermeistern in Stahlwerksbetrieben zu berichten, die sich auf monatlich 226,50 Mk. (Platzmeister), 366 Mk. (Dolomitmeister), ja 468 Mk. (Obermeister), also besser als manche Ingenieure stehen.

und H a n d werk vielfach[1] gleichbedeutend zu sein pflegen,
während den Groß- und Riesenbetrieb die besonders weitgehende Anwendung automatischer Maschinen, auch relativ
zahlreiche ungelernte, weibliche Arbeitskräfte und stärkeres
Vorherrschen des Akkordlohnsystems[2] charakterisieren[3]. Es
war also vielleicht kein Zufallsergebnis, wenn Dora L a n d é für
die Berliner Maschinenindustrie (a. a. O. S. 369) — obwohl
mit Vorbehalt — feststellte, daß von der Arbeiterschaft
wöchentlich

	bis 15 Mk.:	15—33 Mk.:	über 33 Mk.:
in Kleinbetrieben . .	3,90 %	87,00 %	9,10 %
„ Mittelbetrieben . .	3,61 „	88,99 „	7,40 „
„ Großbetrieben . .	1,50 „	78,56 „	19,94 „

verdienten. L a n d é fügte hinzu: „Die Erklärung für die ver-
hältnismäßig günstigen Löhne der Kleinbetriebe dürfte wohl
einerseits die sein, daß derartige Betriebe mit den oft außerordentlich mangelhaften hygienischen Einrichtungen[4] ihren
Arbeitern. um sie festzuhalten, ein Äquivalent an guter Be-
zahlung bieten müssen. Anderseits — und das ist wohl das
wichtigere — ist in kleineren Unternehmungen die Arbeits-
teilung noch nicht so stark durchgeführt, daher der Prozentsatz der angelernten, schlechter bezahlten Leute weniger bedeutend, der der gelernten bedeutender als in größeren Betrieben."
Wenn wiederum der Deutsche Metallarbeiterverband in
seiner Erhebung 1902 zu dem Ergebnis kam, daß die Großbetriebe die höchsten Löhne, die Mittelbetriebe im ganzen die
niedrigsten Löhne zahlen, so dürfen dabei nicht das schärfere
Arbeitstempo, die kapitalistischere („rationellere") Festsetzung
der Akkordpreise und andere ungünstigere Arbeitsbedingungen
gerade im Großbetriebe vergessen werden. Ob dabei anderseits der Umstand, daß letztere in der Regel Aktienunter-

---

[1] Vielfach! Denn auch heute gibt es durchaus moderne und doch
maschinenlose Groß- oder doch wenigstens Mittelbetriebe, wie z. B. die
Offenbacher Lederwarenindustrie zeigt, wo die einzigen Maschinen die
Stepp- und neuerdings die Schärfmaschinen sind, da im übrigen die
rasch wechselnde Mode die Anwendung von Maschinen aus Rentabilitäts-
gründen verhindert.
[2] Das schließt natürlich nicht aus, daß auch mancher mittlere und
kleinere Betrieb nur nach Akkord arbeiten läßt, z. B. die Firma Pfeiffer
in Wetzlar, die bei einem Arbeiterstand von etwa 50 Mann sich der
Fertigung physikalischer Apparate widmet. Mehr Interesse hat aber
naturgemäß im a l l g e m e i n e n doch der Großbetrieb am Akkordsystem.
[3] H e i ß erwähnt in den Schriften des Vereins für Sozialpolitik
Bd. 134, II S. 126, daß der Akkordlohn sogar bei Reparaturarbeiten,
die sich nicht wiederholen, in einem optischen Großbetrieb Anwendung
zu finden pflegt.
[4] Vgl. dagegen die früher, S. 22/23, mitgeteilten Beobachtungen
Andreas V o i g t s über „Die Gesundheitsverhältnisse im Groß- und Kleinbetrieb."

nehmen sind, entscheidender als die Betriebsgröße ist, wie
mehrfach behauptet wird, bedürfte wohl noch eingehenderer
Forschung. „Die großen Aktienunternehmungen, deren leitende
Organe dem Arbeiter in den meisten Fällen ganz unpersönlich
gegenüberstehen, sind diejenigen, die ihn vorwiegend als
rechnerisches Objekt von rein geschäftlichem Standpunkt aus
betrachten," sagte darüber wiederum Dora Landé (a. a. O.
S. 371) und weiter (S. 371): „der Privatbesitzer dagegen,
selbst des Groß- und Riesenbetriebes, der der Öffentlichkeit
und der Arbeiterschaft gegenüber mehr mit seiner Person und
seinem Namen haftet, wird das Rechnungsmäßige gegenüber
dem Arbeiter nicht so brutal zum Ausdruck bringen können,
auch nicht wollen." Man denke an die großartige Arbeiter-
fürsorge der allerdings in vielen Erzeugnissen eine Monopol-
stellung innehabenden Firma Friedr. Krupp, die ja bis heute
mehr nur formell eine Aktiengesellschaft ist. Die Aktien sind
im Besitz der Familie Krupp [1].

Ähnliche Ansichten vertreten auf Grund ihrer Beobachtung
u. a. Bosselmann a. a. O. S. 116 ff. und Cl. Heiß [2].

So sehr weitere Aufklärung nun auch noch über den Einfluß der Betriebsgröße und Unternehmungsform auf die hygienischen und Lohnverhältnisse nötig sein mag, das eine steht
wohl fest, daß hier wichtige Unterscheidungsmerkmale [3] vorliegen. Dies anerkannte ja auch einerseits Böhmert in
seinen Vorschlägen von 1891 (VIII u. XI, 5), anderseits anscheinend Eulenburg („Betriebsweise" S. 9).

Ob daneben noch die Lohnformen (Zeitlohn, Akkordlohn,
Prämiensystem, „Lohnakkord" und andere Kominationen) bei
der Gliederung zu berücksichtigen sein würden, ist schwer zu
entscheiden. Im allgemeinen wird bei Anwendung des Akkord-
lohnes zwar ein schärferes, mehr Kraft verbrauchendes Arbeitstempo vorausgesetzt als beim Zeitlohn. Aber bei letzterem
Entlöhnungssystem tritt anderseits oft eine strengere Kontrolle
ein, die zu kaum geringerer Eile zwingt. Und ferner ziehen
die Arbeiter mindestens dort, wo ihre Organisation gefestigt
dasteht, im eigenen Interesse eine Akkordgrenze, um so die
Allzueifrigen zur Mäßigung zu bestimmen. Außerdem ist oft
überhaupt schwer zu erkennen, ob das System des Zeitlohnes
auf quantitativer Basis oder ob der Stücklohn auf Zeitbasis
vorliegt" (Schloß-Bernhard im „Handbuch der Löhnungsmethoden" 1906). Besonders zeigt sich diese Mischung beim

---

[1] Wie gesagt, bedürfte es noch eingehender Untersuchung ob und
inwieweit diesem ungünstigen Urteil über die Aktiengesellschaften in
sozialpolitischer Hinsicht Allgemeingültigkeit zukommt.

[2] Heft 8 der Untersuchungen über die Entlöhnungsmethoden betreffend die Entlöhnungsmethoden in der Berliner Feinmechanik.

[3] die vielleicht um weitere, in dieselbe Kategorie fallende, zu ergänzen wären, soweit sie nicht miterfaßt werden (vgl. S. 23).

„Lohnakkord" [1]. — Schließlich dürfte beim einzelnen Arbeiter
die Lohnform häufiger wechseln, als man mitunter annimmt [2],
zumal bei dem starken Stellen- oder gar Berufswechsel. — Im
übrigen scheint das Lohnsystem zum guten Teil berücksichtigt
durch die Einteilung nach der Betriebsgröße und Betriebsweise.

Wenig beachtet [3] blieb in den bisherigen methodologischen
Erörterungen die örtliche Lage der Fabrik; diese dürfte insofern einen neuen für die Gruppierung der Lohnempfänger
wichtigen Gesichtspunkt bieten, als sie schließlich für das
körperliche Wohlbefinden und damit doch auch für die in dem
Arbeitsverdienst wesentlich zum Ausdruck kommende Leistungsfähigkeit von Belang ist. Mehrfach mag diesem Moment schon
durch Gliederung nach der Betriebsgröße Rechnung getragen
werden können. Wenigstens dürfte dies bei der großstädtischen
Industrie der Fall sein, indem nämlich vor allem kapitalkräftige
Unternehmungen, um die Möglichkeit zur Erweiterung ihres
Betriebes zu haben, an die Peripherie der Städte ziehen oder
sich von vornherein dort niederlassen, während die kleinen
und mittleren in den älteren und inneren Stadtteilen zwischen
Mietskasernen bleiben — vielfach zur Miete. So beschäftigten
die Berliner maschinenindustriellen Betriebe 1907 im Stadt-
innern, davon nur wenige Großbetriebe, durchschnittlich 60,
in den Vororten dagegen 116 Arbeiter [4].

C. Außerberufliche Stellung des Arbeiters.

a) Wirtschaftliche Faktoren (der Arbeiter als Konsument): Wohnweise S. 71; Nebenbeschäftigung (Nebenverdienst) S. 71; Familienstand
und Familiengröße S. 72.

Das Ziel der Lohnstatistik soll sein: Feststellung des
wirklichen Arbeitsverdienstes für den einzelnen Beruf. Diese
Beziehungen zwischen Lohnhöhe und Beruf gilt es zu isolieren
und deshalb gleichartige Gruppen von Lohnempfängern zu
bilden, um so den Kausalzusammenhang zwischen jenen beiden
und damit zugleich auch zwischen dem Lohn und den übrigen
Faktoren klarzulegen. Vorerst wurden naturgemäß die sich

---

[1] „Lohnakkord" ist ein auf den durchschnittlich für die betreffende
Arbeiterkategorie üblichen Akkordverdienst pro Stunde erhöhter Zeitlohn, in Wahrheit also ein Zwitterding zwischen Akkord- und Zeitlohn.
[2] Häufig finden sich bei den Akkordarbeitern sog. Stundenlöhne
festgesetzt. Auf solche Weise soll auch dem Umstande, daß immer
wieder zwischendurch Arbeiten, die im Zeitlohn gemacht werden müssen,
vorkommen, von vornherein Rechnung getragen werden (vgl. u. a. die
Schriften von Heiß und Jollos).
[3] Mehr nur angedeutet in Böhmerts Vorschlägen unter VIII.
[4] Diese Durchschnittsziffern sind an sich natürlich noch kein voll-
kräftiger Beweis. Vielmehr wird es noch gründlicherer Prüfung bedürfen, vor allem durch Aufsuchen der Zahlen für die einzelnen Industriezweige und Betriebsarten. Die Arbeiterzahl allein entscheidet nicht allgemein. Außerdem fragt es sich, ob diese Feststellungen für Berlin auch
für andere Städte zutreffen.

aus der Stellung der Lohnempfänger im Gewerbe selbst ergebenden Unterscheidungsmerkmale berücksichtigt. Nunmehr
handelt es sich um die Entscheidung darüber, ob auch außerberuflichen Momenten bei der Gliederung Rechnung getragen
werden soll. Bezüglich der natürlichen physiologischen ist es
unbestritten. Wie aber verhält es sich mit den wirtschaftlichen Faktoren, die doch schließlich selbst vom Lohn, der
einzigen Einkommensquelle für die Masse der Arbeiter, ab-
hängen?

Die Schwierigkeit liegt darin, daß sich hier oft schwer
sagen läßt, was mehr Ursache, was mehr Wirkung ist.
So hängen gewiß von der Wohnweise, um diese zunächst zu
nennen, da sie mit die wichtigste Voraussetzung eines gesunden Lebens ist, zweifellos auch die beruflichen Leistungen
und damit, wenigstens teilweise, auch die Höhe des Lohn-
einkommens ab[1]. Aus diesem Grunde und im Hinblick auf
die gedachte Kombination der Statistik der Berufssterblichkeit,
die eine einheitliche Gliederung unweigerlich erheischt, wird
also grundsätzlich je nach der Wohnart — und falls sie
statistisch erfaßbar wäre — auch nach der sonstigen Lebensart zu gruppieren sein. Nach welchen Gesichtspunkten die
Gliederung der Wohnweise erfolgen soll, bleibt eine Frage
der Zweckmäßigkeit und ist hier nicht zu entscheiden, zumal
auf früher (S. 24) Gesagtes verwiesen werden kann.

Vom Standpunkte richtiger Methode aus wäre wichtig
die Berücksichtigung der neben der hauptberuflichen geübten
Nebenbeschäftigung, die hier allerdings wohl lediglich wegen
des unmittelbaren materiellen Gewinns in Betracht kommt;
natürlich auch dann, wenn dieser ausschließlich in Naturalien
besteht, wie bei der Bebauung eines eigenen Stück Landes.
Eine Frage von erheblicher Tragweite, deren Entscheidung
dabei schwierig ist, wird es sein, ob und inwieweit überhaupt
die Beschäftigung in Saisongewerben, wie in der Zucker-
industrie und zum guten Teil in der modernen Konfektion,
als hauptberufliche Tätigkeit bezeichnet werden kann. Gerade
letzterer vielleicht extremste Fall lehrt, wie notwendig eine
Sonderung der Arbeitermassen ist, je nachdem ein Beruf, ein
Gewerbezweig den ganzen Lebensunterhalt gewährt — auch
einmal abgesehen von anormal individuellen Bedürfnissen —
oder nicht, wobei wiederum abzustufen wäre. Gerade hin-
hichtlich des Saisongewerbes versagt ja die Lohn s a t z statistik
ebenso wie jede Lohnstatistik, die nicht den sozialen Gesichtspunkt des Einkommens, das der Arbeiter aus seiner Arbeit
zieht, beachtet.

Immerhin sind aber die Verhältnisse vielfach nicht so
verwickelt, da die überwiegende Mehrzahl der Unternehmungen

---

[1] Vgl. auch Anm. 2 S. 25 oben.

nicht Saisonbetriebe sind und in wachsendem Maße, namentlich je mehr sie für den Export arbeiten, in rein kapita-
listischem Sinne geleitet werden. Sie nehmen die von ihnen
beschäftigten Arbeiter ganz in Anspruch und lassen nicht
Zeit, Kraft und Arbeitsfreude zu regelmäßigem Nebenverdienst,
vor allem dann nicht, wenn die Möglichkeit dazu an sich
vorhanden wäre, d. h. in Zeiten allgemeiner Hochkonjunktur.
Nach der in den Arbeitsordnungen angegebenen Arbeitsdauer
kann man dabei häufig nicht urteilen. Sie wird vielfach erheblich überschritten und der einzelne Arbeiter auf die Gefahr
der Entlassung hin zu Überstunden einfach gezwungen, nicht
selten eine Folge der scharfen Konkurrenzverhältnisse, für
die das einzelne Unternehmen nicht verantwortlich ist.

In der überwiegenden Mehrzahl der Fälle wird — ganz
abgesehen von den Saisongewerben — die Frage, ob ein Nebenverdienst erstrebt werden soll, je nach Familienstand und
Familiengröße entschieden werden. Zugegeben, daß anderseits
gerade die praktische Hausfrau häufig den Verdienst des Ehe-
mannes rationeller verwerten und so oft auch für den Arbeiter
ein besseres Auskommen ermöglichen wird, als dies zur Zeit
seines Junggesellentums der Fall war, so ist doch leicht ein-
zusehen, daß in der Regel der Ehemann, der Vater unselb-
ständiger Kinder auf den Nebenverdienst mehr hingewiesen sein
wird, als der Ledige. Es liegt demnach genügender Grund
vor, auch in dem Familienstand ein Scheidungsmerkmal in
der Lohnstatistik zu sehen. Im Zusammenhang hiermit taucht
aber noch eine andere Frage auf: Wie steht es, wenn die
Ehefrau [1] oder erwachsene Kinder das Familieneinkommen erhöhen helfen? Eine bestimmte, allgemeingültige Antwort wird
sich hier, wie so oft, schwer geben lassen. Man wird auch
dabei zu differenzieren und im übrigen diesen Gesichtspunkt
bei der Gruppenbildung zu beachten haben.

b) Physiologische Momente: Geschlecht S. 72; Lebens- und Dienstalter S. 73; gesondert: Methode der historischen Individuallohnstatistik
oder direkte Methode? S. 75; körperliche Beschaffenheit S. 76.

Während die letzten drei Unterscheidungsmerkmale (Wohnweise, Nebenverdienst, Familienstand) weder in der Theorie
noch in der Praxis der Lohnstatistik genügende Beachtung
fanden, ist dies anders hinsichtlich des Geschlechtes und des
Alters der Arbeiter. Vor allem findet man häufig Gliederungen
der Arbeiter nach dem Geschlecht. Denn von jeher lagen

---

[1] Nicht selten wird es zweifelhaft sein, ob überhaupt wirklich ein
Nutzen für die Familie aus dem Nebenerwerb der Ehefrau erwächst,
wenn dabei die Hausfrauenpflichten leiden müssen, wie es bei der von
Karl v. Rechenberg in „Die Ernährung der Handweber in der Amts-
hauptmannschaft Zittau" (1890) S. 71 erwähnten Leipziger Familie der
Fall war.

klar zutage die Unterschiede in der Entlohnung der beiden
Geschlechter, d. h. die geringere Entlohnung der Frauen, mag
solche ·auch mitunter weniger in deren geringeren Leistungen [1]
oder in der geringeren Leistungsfähigkeit (sei es selbst nur
der rein physischen) als durch kleinere Bedürfnisse, Her-
kommen und Gewohnheit, fehlende oder unzulängliche kor-
porative Selbsthilfe bedingt sein.

Anders verhält es sich mit dem Alter. Die amtliche Statistik
trennt zwar meist wenigstens jugendliche, erwachsene männliche und weibliche Arbeiter. Hierbei werden indes als Jugendliche bald Personen unter 16 Jahren [2], bald männliche Personen
unter 20, weibliche unter 18 Jahren [3] gezählt. Zu den sehr wenigen
Lohnerhebungen, die genaue Altersklassen bilden, gehört die
amtliche französische (von 1891/93) über die Arbeiter in Staatsbetrieben und bei den Eisenbahngesellschaften. Diese unterschied für jedes Geschlecht Personen von 12—18, 19—25,
26—45, 46—60, über 60 Jahre.

Jedenfalls zeigt sich gerade in diesem Punkte, wie ver-
besserungsbedürftig unsere amtliche Sozialstatistik ist, da sie
bei der Umwandlung einer reinen Produktionskostenstatistik
in eine den Lohn als Einkommen auffassende Statistik eigentlich auf halbem Wege stehen blieb. Angesichts der groß-
artigen Organisationen der deutschen Sozialversicherung, die genügende Unterlagen für eine brauchbare Lohnstatistik abgeben
oder beschaffen könnten, muß dieser Mangel befremden. Als
der Reichstagsabgeordnete S c h m i d t - Elberfeld im April 1889
im Reichstage hervorhob, daß die ganze Alters- und Invaliden-
versicherung ohne Lohnstatistik in der Luft schwebe und zunächst eine Lohnenquête empfahl, riet der damalige Staats-
sekretär von Bötticher von einer Verzögerung der Annahme
der Versicherungsgesetzesvorlage ab und betonte, daß die Aufnahmen in der Unfallversicherung nur einen allgemeinen
Überblick über die Löhne gewährten, n i c h t   a b e r,   a u f
w e l c h e   A r b e i t e r k l a s s e n   s i e   s i c h   b e z ö g e n.   Also
obwohl regierungsseitig diese Lücke in der Statistik schon
damals empfunden wurde, hat man sie bis heute nicht oder
nur unzulänglich ausgefüllt. — Dringend bedarf die Frage der
Aufklärung: Wie viele Jahre, bis zu welchem Alter vermag

---

[1] Der größte Teil der weiblichen Fabrikarbeiterschaft gehört der
Klasse der ungelernten Arbeiter an. Rosa K e m p f sagt sogar all-
g e m e i n, was wohl zu weit geht, in den Schriften des Vereins für
Sozialpolitik Bd. 135, I, S. 90: „Frauenarbeit ist ungelernte Arbeit und
ist schlecht bezahlt." — Viel Zutreffendes über „die ungleiche Entlöhnung der Männer- und Frauenarbeit" findet sich in dem Buche dieses
Titels von Alice S a l o m o n (1909).

[2] So in der preußischen und in der österreichischen (auch in der-
jenigen von 1900/01 für Ostrau-Karwin) Bergarbeiterlohnstatistik, sowie
in dem belgischen Lohnzensus von 1896.

[3] So in der englischen Lohnerhebung von 1906.

besonders der moderne Industriearbeiter den vollen, den
üblichen Lohn zu verdienen? wie gestaltet sich die Entwicklung seines Lohnes, seines Berufsschicksals? Was nützt der
hohe Stand der Löhne in der Industrie, wenn der einzelne
sie. nur wenige Jahre oder mit großer Unterbrechung zu beziehen vermag, weil seine Kräfte vorzeitig, viel früher als in
der Landwirtschaft und im Beamtenstande verbraucht werden,
zumal er zum großen Teil unter den Konjunkturschwankungen
zu leiden hat. Arbeitnehmer und Arbeitgeber sowie der Staat
selbst haben ein großes Interesse daran, daß möglichst objektiv
festgestellt wird, inwieweit die düsteren Prophezeiungen und
Urteile der Arbeiter über ihr Berufsschicksal, wie sie in den
Untersuchungen des Vereins für Sozialpolitik über Berufswahl
und Berufsschicksal der Arbeiter in der Großindustrie mitgeteilt
werden, wirklich begründet sind oder ob sie nicht nur Über-
treibungen oder Verallgemeinerungen vereinzelter Fälle bedeuten. Nur so wäre es möglich, gewissenlosen Hetzern und
Unfriedenstiftern mit brauchbarem statistischem Materiale ent-
gegenzutreten.

Ist es richtig, wird weiter gefragt, daß im allgemeinen
die Leistungsfähigkeit des Arbeiters in der Berliner Feinmechanik schon mit dem 35. Lebensjahr ihren Höhepunkt
erreicht hat, daß der Feinmechaniker mit mehr als 40 Jahren,
der Schlosser im Alter von 45—50 Jahren nur schwer noch
neue Beschäftigung findet, weil er schon zu verbraucht ist,
und daß der Industriearbeiter überhaupt schon nach dem
40. Lebensjahre im großen und ganzen ein voll brauchbarer
Arbeiter zu sein aufhört, mögen die Verhältnisse vereinzelt
auch günstiger liegen?[1] Teilweise sind jene oder ähnliche
Behauptungen zahlenmäßig belegt worden, aber die Beweise
beruhen doch auf zu schmaler Basis, um ohne weiteres Allgemeingültigkeit beanspruchen zu können. Die übermäßig
starke Besetzung der unteren Altersklassen, wie sie für einzelne moderne Industrien in obigen Untersuchungen und auch
in den mehrerwähnten Schriften des Zentralvereins über
die Entlöhnungsmethode in der deutschen Eisen- und Maschinenindustrie (so Heft 4, S. 9 und besonders Heft 8, S. 183)
nachgewiesen wird, spricht allerdings für die Richtigkeit,
soweit nicht die Jugend der Gründung einzelner Unternehmungen jene Erscheinungen erklärt[2]. In letztgenannten

[1] Heiß, Schriften des Vereins für Sozialpolitik Bd. 134, II, S. 231;
Deutsch, ebenda S. 290; Alfred Weber, Bd. 138, S. 149 und ebenda
Hartmann S. 167.
[2] Neuerdings erst sind die Altersverhältnisse der gewerblichen
Arbeiter wenigstens für eine große Anzahl von Betrieben der verschiedenen Industriezweige in Preußen amtlicherseits gründlicher ermittelt worden (vgl. die Jahresberichte der Königl. preußischen Re-
gierungs- und Gewerberäte und Bergbehörden für 1912 und die dies-

Schriften findet sich auch mit einer Ausführlichkeit und
Gründlichkeit wie sonst wohl nirgends für einzelne Firmen
der Zusammenhang zwischen Lohnhöhe und Lebensalter sowie
auch Dienstalter [1] zahlenmäßig dargestellt, besonders von
Günther (Heft 7, S. 110—162 und 162 - 178) und Heiß
(Heft 8, S. 181—182). Interesse verdienen davon nicht zuletzt
die Übersichten der Löhne ein und derselben Arbeiter je für
mehrere Jahre. Heiß gab sie nur für 3 Jahre (für 1901—1904
a. a. O. S. 343 ff.), Günther dagegen sogar für 20 Jahre (für
1886--1906 jahrweise a. a. O. S. 98 ff.). Günther bemerkte dazu
(S. 111): „Wenn wir das Einkommen des einzelnen Arbeiters
auf eine längere Reihe von Jahren verfolgen, so erhalten wir
dabei auch ein Bild von der Lohnentwicklung bei zunehmendem
Alter. Aber das Bild ist verzeichnet. Denn während die
Arbeiter 20 Jahre älter wurden, haben sich auch sonst viele
Lebensverhältnisse gründlich verändert. Wenn auch dem
Geldlohne nach der im Jahre 1906 Fünfzigjährige mehr verdient als 20 Jahre vorher mit 30 Jahren, könnte es doch ganz
gut sein, daß sein Reallohn sich in dieser Zeit vermindert
hätte, daß er niedriger steht als der Lohn der jetzt erst
Dreißigjährigen." Das sind in der Tat Einwendungen, die
sich nicht von der Hand weisen lassen und die Frage auf-
drängen: Inwieweit ist eine historische Individuallohnstatistik
berechtigt? Bekanntlich regte das Kaiserlich statistische Amt
vor wenigen Jahren in Verhandlungen mit dem Verband der
Ortskrankenkassen und den Städtestatistikern eine solche an.
Der in dieser Richtung liegende interessante statistische Versuch (1907) des statistischen Amts der Stadt Straßburg wurde
bereits früher erwähnt.

Es ist also zu wählen zwischen einer Lohnstatistik, die
auf Grund der jeweiligen nach Altersklassen usw. gruppierten
Löhne des betreffenden Untersuchungsjahres gestaltet ist, und
aus der dann doch gewisse Schlüsse auf die zukünftige Lohnentwicklung auf die einzelnen Arbeiterkategorien erlaubt sein
dürften (es sei hier an den erwähnten Versuch von Louis
Varlez erinnert!), oder zwischen einer historischen Individuallohnstatistik, in der natürlich nicht mit Einzellöhnen, sondern
auch mit aus einer Mehrzahl gewonnenen Durchschnittslöhnen
zu operieren wäre. Von diesen beiden Methoden, die wohl
in der Sterblichkeitsstatistik ein gewisses Analogon in der
direkten Methode einerseits und in der Herrmannschen
Methode anderseits haben, möchte sich der Verfasser für jene
direkte Methode auch bezüglich der Lohnstatistik entscheiden, im

---

bezüglichen Zusammenstellungen von F. Syrup-Gleiwitz im Thünen-
archiv 1914, S. 14 ff.). Sie bestätigen im ganzen die bisherigen privaten
Feststellungen.
[1] Hier ist Dienstalter gleichbedeutend mit Dauer des Dienstes bei
derselben Firma.

Hinblick auf den anscheinend immer rascheren Wechsel der
Zeiten und Preise, ohne deshalb der Pflege Methode, die gewiß
manchen wertvollen Einblick zu vermitteln und Fehlendes zu
ergänzen vermag, Existenzberechtigung abzusprechen [1].

Was nun das Dienstalter [2] als Einteilungsmerkmal anlangt,
so ist zunächst zu betonen, daß im allgemeinen [3] der Industriearbeiter lediglich nach dem Leistungseffekt, nach dem Wert
seiner Arbeit für die Produktion entlohnt wird. Nun wissen
wir, daß beispielsweise in der einzelnen Woche das Leistungs-
maximum nach dem Akkordlohn gemessen, umsomehr nach dem
Anfang der Woche rückt, je einfacher, je weniger qualifiziert
die Arbeit ist, je geringere Ansprüche sie an Intelligenz und
Geschicklichkeit stellt. Dürfte man diese Erfahrung sinn-
gemäß auf die ganze berufliche Tätigkeitsdauer übertragen,
so würde sie hinsichtlich des Dienstalterseinflusses eine Abstufung nach dem Grade der Gelerntheit verlangen, eine
Schwierigkeit, die kaum geringer wäre als die bei der Erörterung der Arbeitszeit betonte. Hiernach scheint es zweckmäßig, entweder sich überhaupt auf eine Berücksichtigung
des Lebensalters zu beschränken oder allenfalls vielleicht
zwischen den bis drei Jahre und über drei Jahre in ihrem
Beruf Tätigen zu unterscheiden [4].

Da eine Kombination von Berufssterblichkeit und Lohnstatistik mit dem Ziel einer zeitgemäßen Arbeitspreisstatistik
erstrebt wird, so muß schon der Einheitlichkeit wegen auch
das Problem der körperlichen Beschaffenheit und Widerstandsfähigkeit bei Gliederung der Lohnempfänger berücksichtigt
und auf alle Fälle mindestens eine Trennung der Gebrech-
lichen von den Vollarbeitsfähigen (vgl. auch Böhmerts Vorschläge VI, 15) oder als Notbehelf zunächst der Nichtmilitär-
gedienten von den Militärgedienten vorgenommen werden.
Daß die Gesundheit auch heute noch im allgemeinen von
großer Bedeutung, ja geradezu die Voraussetzung eines guten
Arbeitsverdienstes ist, kann nicht bestritten werden, mögen
immerhin zahlreiche Gewerbezweige, wie Lederwarenindustrie,

---

[1] Es wäre etwa zu erwägen, ob nicht je für die einzelnen Altersklassen (-Jahre) aus einer kurzen Jahresreihe Durchschnittsjahreslöhne
zwecks Ausgleichs der Schwankungen ermittelt werden müßten.
[2] = Dauer im Dienste des gleichen Unternehmens
oder, erweitert man den Begriff, was in diesem Falle zweckmäßig ist,
= Dienstdauer im gleichen Beruf überhaupt.
[3] Dabei ist von Ausnahmen abgesehen, in denen dem altgedienten
Arbeiter Alterszulagen gewährt werden oder durch Zuweisung entsprechender Arbeiten eine Lohnsteigerung zugewendet oder wenigstens eine Lohnsenkung in höherem Dienstalter erspart wird. Es sei
an die vielfach übliche, von einzelnen zu durchlaufende Rangordnung
im Bergbau erinnert: Lehrhäuer, Schlepper I.—III. Klasse, Vorhäuer,
Vollhäuer, deren Löhne im Verhältnis zu 7, 8, 9, 10, 11, 12 zueinander
stehen (Schmollers Grundriß Bd. II, S. 290).
[4] Vgl. dazu auch das auf S. 22 Ausgeführte.

Schneiderei usw., auch den muskulär Schwachen, die früher vielleicht der Armenpflege anheimgefallen wären, oft recht lohnende Beschäftigung gewähren.

Zusammenfassendes zum zweiten Abschnitt.

Im vorhergehenden Abschnitt wurde versucht darzustellen, wie eine Lohnstatistik aussehen müßte, die den Lohn als Einkommen, nicht als Produktionskostenelement begreift. Manche Forderungen, verstehen sich im Hinblick auf die Notwendigkeit, das Vorgehen hier mit der für die Erfassung der Berufssterblichkeit empfohlenen Methode in Einklang zu bringen. Hier wie dort sollen natürlich Unvollkommenheiten und die Notwendigkeit ihrer Abstellung nicht bestritten werden. Sie erklären sich durch die Fülle der zu beachtenden Gesichtspunkte. Anderseits sind gerade jene außerberuflichen Einteilungsmomente kaum viel weniger berechtigt, als die heute schon häufig berücksichtigten des Alters und Geschlechts. Unter allen Umständen dürfte eine Vereinheitlichung der Methode wenigstens in der amtlichen Lohnstatistik des Reichs, der Bundesstaaten und Städte nicht mehr verzögert und diese außerdem möglichst bald aufs neue zum Gegenstand auch internationaler Beratungen gemacht werden.

Im übrigen wäre bei Anwendung der gemachten Vorschläge hinsichtlich der etwaigen Gefahr zu großer Materialzersplitterung für die Lohnstatistik Ähnliches zu sagen wie auf S. 33/34 betreffs der Berufssterblichkeit.

Dritter Teil.

Kurze kritische Betrachtungen über das Problem der Lohneinheit überhaupt.

1. Lohnkaufkraftindexziffern.

Hinsichtlich des Werts und der Grenzen einer Lohnstatistik soll man sich natürlich keine Illusionen machen und nichts Unmögliches von ihr verlangen. Denn immer wird das Wort des Altmeisters der Lohnstatistik, Viktor Böhmerts (in „Die Statistik und ihre Bedeutung"), auch hier gelten: „Hinter jeder Zahl eines statistischen Quellenwerks steht im letzten Grunde ein Mensch mit allen seinen Fehlern und Vorzügen. Darum werden wir bei der Beurteilung einer statistischen Untersuchung stets die kritische Sonde anlegen und uns über die möglichen Fehlerquellen klar werden müssen."

In diesem Zusammenhang sei daher nochmals betont, daß es verfehlt wäre, wenn man sich auf Grund einer solchen Lohnstatistik (genauer Nominallohnstatistik) schon für hinlänglich über die wirtschaftliche Lage des Arbeiters unterrichtet hielte, wie das nur zu oft geschieht. Das Einkommen ist vor allem an der Hand der Ausgabenwirtschaft zu prüfen. Die Kaufkraft des Lohnes entscheidet wenigstens objektiv über die Lage des Lohnempfängers; denn allen den subjektiven so außerordentlich verschiedenen Verhältnissen auch statistisch gerecht zu werden, ist unmöglich, weil eben dann jeder objektive Maßstab so gut wie fehlt. In den Vereinigten Staaten, wo die Behörden der Lohnstatistik und ihren Methoden seit vielen Jahrzehnten ein selbst für das alte Europa vorbildliches tätiges Interesse entgegenbringen, suchte man auch hier eine Lösung durch Berechnung von Meßziffern (Indexziffern) für die Kaufkraft des Lohnes (k) unter Kombination der Lohnmeßziffern für Stundenverdienst und für Wochenverdienst (l) mit den Preis- oder Lebenskostenmeßziffern (p) $k = \dfrac{l}{p} \cdot 100$.

Diese Kaufkraftziffern werden in den regelmäßigen Berichten des Bulletin of the Bureau of Labor über Löhne und Arbeitszeiten veröffentlicht. — Dieser amerikanischen amtlichen Formel entspricht die vom französischen statistischen Amt in seinem

Jahrbuch 1906 und 1911 angewandte Formel $r = \frac{n}{l} \cdot 100$, wobei r die Reallohn-, n die Nominallohn-, l die Lebenskostenmeßziffer darstellt.

Daß diese Methoden freilich nur einen schwachen Notbehelf bedeuten, ergibt sich von vornherein aus der Unzulänglichkeit der Indexziffern überhaupt sowie der auf Grund der (hier Kleinhandels-) Preise und Lebenskosten berechneten im besonderen [1]. Die Basis ist vor allem viel zu schmal, namentlich bei den französischen Ziffern von 1906, da man hier zur Feststellung der Lebenskosten den lediglich geschätzten Lebensmittelverbrauch einer vierköpfigen Pariser Haushaltung an Hand von Beobachtungen in den Jahren 1856 und 1890 zugrunde gelegt hat. In Deutschland würde man auf dem von den Vereinigten Staaten und Frankreich eingeschlagenen Wege schon im Hinblick auf die ungewöhnliche Buntheit in der Statistik der Kleinhandelspreise [2] zu noch unbefriedigenderen Ergebnissen kommen. Außerdem fehlt eine annähernd „exakte" Arbeiterhaushaltungsstatistik.

2. Die Frage der Lohneinheit, ein ernährungsphysiologisches Problem.

Wenn der Mangel an Exaktheit der Arbeiterhaushaltungsstatistik eben betont wurde, so ist die „Exaktheit" vor allem in ernährungsphysiologischer Hinsicht zu verstehen; denn darüber muß man sich klar werden, daß die Frage nach der Lohneinheit letzten Endes ein ernährungsphysiologisches Problem ist und daß selbst eine, ja naturgemäß immer nur annähernd zuverlässige Preisstatistik, die auch T. Bödiker in seinem Aufsatz „Arbeiterlohnstatistik" in dem 71. Bande (1893) der Preußischen Jahrbücher S. 247 im Auge hat, einen genügenden Vergleichsmaßstab an sich nicht zu liefern vermag. Der gleiche Nominallohn, mag er noch so exakt ermittelt sein, kann und wird selbst bei gleichen Lebensmittelpreisen eine ganz verschiedene Bedeutung für den Empfänger haben, je nach seinen Bedürfnissen — auch wenn man nur die objektiv (im medizinischen Sinne) berechtigten dabei in Rechnung zieht; denn Größe der Familie, Schwere der Arbeit (letzteres auch ein relativer Begriff, je nach Körperkonstitution), Herkunft, soziale Stellung und vieles andere sprechen hier

---

[1] Man denke allein an die Schwierigkeit einer Beurteilung der „Wichtigkeit" der einzelnen Waren (vgl. u. a. die Ausführungen Wiesers auf der Generalversammlung des Vereins für Sozialpolitik 1909).

[2] Vgl. Rudolf Deckers Ausführungen in „Die Statistik in Deutschland" 1911, Bd. 2: „Statistik der Kleinhandelspreise" sowie u. a. Georg Neuhaus „Lebensmittelpreise in den Jahren 1908—1910" im Statistischen Jahrbuch deutscher Städte, 19. Jahrgang (1913) S. 829 ff.

mit. Diese Verschiedenheit der Wichtigkeit der gleichen Bar-
verdienste ist derart, daß man überhaupt an einer Lösung des
Problems selbst auf ernährungsphysiologischem Wege zweifeln
möchte. Es veranlaßt eben „die Lebenshaltung, das Produkt
vieler Faktoren (Sitten, Beschäftigung und Klima), den Arbeiter
zur Verzehrung von Gütern, die der Art und dem Preise nach
sehr verschiedene sind, aber dieselbe Leistungsfähigkeit er-
zeugen. Die physische Leistungsfähigkeit ist das physiologische Produkt von Eiweiß, Fetten und Kohlehydraten, die
wiederum für einander eintreten können[1]. Jene Kosten werden
dem Körper in den verschiedenen Speisen zugeführt. Hier
Roggenbrot, dort Weißbrot, hier Schweinefleisch" usw. „Die
verschiedensten Geldlöhne können hiernach die gleiche physische Leistungsfähigkeit hervorrufen." (Hasbach, „Zur
Charakteristik der englischen Industrie" in Schmollers Jahrbüchern 1903 S. 388.)

Beispielsweise erhielt man 1908 in Berlin nach Ermitte-
lungen von Kißkalt[2] für eine Mark in

einem Restaurant nur .	775	Kgcal.	mit	84,3	gr	Eiweiß,
einer Kutscherkneipe . .	1862	„	„	72,8	„	„
einer Arbeiterwirtschaft .	1919	„	„	78,2	„	„
einer Volksküche . . .	3991	„	„	108,3	„	„

Ebensowenig gibt der Geldaufwand für die Kost im eigenen
Hause Aufschluß über deren Nährgehalt, Beschaffenheit und
Energiewert. Denn je weniger bodenständig die Bevölkerung
wird, je mehr sie verstädtert, je mehr die Nahrungsmittel
Handelsobjekt werden, desto mehr suchen sie den kauf-
kräftigsten Markt auf, wobei sich die Weite des Transports
nach dem spezifischen Wert der Nahrungsmittel richten wird.
Der Preis, der sich so bildet, hat aber dann mit dem Nährwert immer weniger zu tun. Obwohl der Hering, der Schell-
fisch usw. dem Rindfleisch an Nährwert nicht nur nicht nach-
stehen, sondern ihm sogar übertreffen[3], wird die überwiegende
Mehrzahl der Menschen letzteres des Wohlgeschmacks wegen
und infolge Gewöhnung daran doch vorziehen und gemäß der
gesteigerten Nachfrage den Preis dafür in die Höhe treiben
helfen, wenn eben kein entsprechendes Mehrangebot zugleich
stattfindet. Dies alles — also ganz zu schweigen von den
aus einer unzulänglichen Preisstatistik sich ergebenden
Fehlern — beweist, daß es keinenfalls genügt, wenn in den

---

[1] Das ist allerdings nicht ganz richtig. Fette und Kohlehydrate vermögen nur bis zu einem gewissen Grade das Eiweiß zu ersetzen (nicht
für den Aufbau des Körpers, Wachstum und Stoffwechsel), während sie
selbst untereinander und durch Eiweiß wohl vertretbar sind.

[2] Mitgeteilt in Max Rubners „Wandlungen in der Volksernährung",
Leipzig 1913, S. 116.

[3] Vgl. die Tabelle in Karl v. Rechenbergs Untersuchung über
die Ernährung der Zittauer Handweber S. 66.

Haushaltungsrechnungen lediglich der Geldaufwand [1] und nicht
auch der Mengenverbrauch mitgeteilt wird.   Hier versagt ein
großer Teil des vorhandenen einschlägigen Untersuchungs-
materials. Auch jene Mitteilungen der Nahrungsmengen werden
für sich allein noch nicht befriedigen. Es müßte vielmehr
außerdem erkennbar sein, wieviel tatsächlich gegessen und ver-
daut wird. Die Abfälle und Verluste durch Verderben der
Speisen sind also abzuziehen. Bei den Familienhaushaltungs-
rechnungen, um die es sich ja in der Regel handelt, ist daneben eine Umrechnung auf die einzelnen Personen vor-
zunehmen. Dies geschah und geschieht auch heute noch vielfach unter Anwendung der Engelschen Quets, indem das
neugeborene Kind als Einheit (1.0) genommen wird, die Jahr für
Jahr um 0,1, beim männlichen Geschlecht bis zum 25. Lebensjahr auf 3,5, beim weiblichen nur bis zum 20. Lebensjahr auf
3,0 steigt. „Die Rechnung stimmt aber nicht, denn wenn
der Neugeborene 280 cal. als Nährwert braucht, so konsumiert
der Erwachsene 2800, also nicht 3,5 mal, sondern 10 mal soviel."
(Rubner a. a. O. S. 47, abweichend von ihm Flügge). —
Außerdem wird namentlich bei den neben der Erwerbsarbeit
noch Hausfrauen- und Mutterpflichten erfüllenden Ehefrauen
der Nahrungsbedarf grundsätzlich [2] wohl nur wenig geringer
als der des Mannes sein. Es ist also höchst zweifelhaft, ob
das Verhältnis 3 zu 3,5 in solchen Fällen richtig gegriffen ist.
    Von den Engelschen Quets weichen übrigens mehr oder
weniger erheblich ab die Kuhnaschen, Wörishofferschen
Annahmen (die auch Calwer verwendet) sowie die dänischen,
amerikanischen [3], Hamburger und deutschen reichsstatistischen
Einheiten — ein neuer Beweis für den mitunter anscheinend
recht willkürlich herbeigeführten Mangel an Einheitlichkeit der
statistischen Methoden. Der Fehler ist, daß man die Aufstellung eines Schemas nicht ganz den Ernährungsphysiologen
überläßt. Wahrscheinlich ist es aber auch diesen unmöglich,
ein auch nur annähernd anwendbares Schema zu finden. Man
denke an deren zum Teil sehr verschiedene Angaben über den

---

[1] Nur den Geldaufwand teilt, abgesehen von den auch noch un-
zureichenden Angaben auf S. 75/82, der Deutsche Metallarbeiterverband
mit in den „320 Haushaltungsrechnungen von Metallarbeitern" (1909).
    [2] Oft wird auch der tatsächliche Nahrungskonsum solcher
Frauen wenig oder gar nicht hinter dem der Männer zurück stehen.
Nicht selten allerdings mag es anders sein (vgl. in den Schriften des
Vereins für Sozialpol. Bd. 135, I, S. 150, Rosa Kempfs Ausführungen
über den tatsächlich geringen Verbrauch der Frauen und Kinder!). —
NB.: Ein kleiner Körper braucht weniger an Nahrung als ein größerer,
aber beträchtlich mehr als seinem Körpergewicht an sich entspricht.
Doch wieviel weniger?
    [3] In den Vereinigten Staaten hat man wiederum das Schema von
1890/91 bei der neuesten, 1911 veröffentlichten Erhebung durch ein
anderes ersetzt.

Bedarf an Eiweiß, Fetten, Kohlehydraten für einen „mittleren"
Arbeiter, als dessen Typus Voit (Physiologie des allgemeinen
Stoffwechsels und der Ernährung, 1881) einen kräftigen Mann
untersucht hat, der auf Grund seiner Muskelkraft während
9 bis 10 Stunden täglich „mittlere" Arbeit z. B. (eines Tischlers,
Zimmermanns) leistet, oder an die widersprechenden Angaben
über den Bedarf bei Ruhe oder leichter Arbeit und bei schwerer
Arbeit.   Leichte, mittlere oder schwere Arbeit, anderseits
mittlerer Arbeiter — lauter relative Begriffe! Voraussetzung
wäre auch hier zunächst eine genaue Körpermessung, wie
sie in der Tat z. B. Rubner in seinen „Volksernährungsfragen" (1908) vorschlug.   Dazu kommt, daß es zwar ein ab-
solutes physiologisches Minimum an Eiweißzufuhr gibt, aber
die einzelnen Eiweißstoffe einen ganz verschiedenen physiologischen Wert haben, je nachdem es sich um vegetabilische
oder animalische Eiweißstoffe handelt. — Weiter ist die
schmackhafte Zubereitung der Kost von Belang für die Be-
kömmlichkeit der zugeführten Nahrung. Mangelhafte Wohnungs-
und Werkstättenverhältnisse, ungenügende Luftzufuhr, kurz
ungünstige Lebensbedingungen wirken appetitverringernd.

Also liegt eine solche Fülle von hier nur kurz gestreiften
methodischen Schwierigkeiten vor, daß deren ein nicht er-
nährungsphysiologisch gebildeter Nationalökonom oder Statistiker gar nicht allein Herr werden kann.   Diese sehen daher
— bei der Uneinigkeit der Mediziner! — zweckmäßigerweise
überhaupt ab von der Berechnung der Kalorien, von der Aufstellung ernährungsphysiologischer Bilanzen nach Art von
Wörishoffer, Fuchs (nur Budgetmethode!) und Feurstein (großenteils auch nur auf Grund von Schätzungen
ruhend).   Streng im Sinne Rubners ist nur Karl v. Rechenberg verfahren in seiner Schrift „Die Ernährung der Handweber in der Amtshauptmannschaft Zittau" (1890).

3. Hauptmängel der deutschen Haushaltungs- (Privat-
wirtschafts-) Statistik.

Der vorhandenen Literatur betreffend deutsche Arbeiter-
haushaltungsrechnungen haftet (um dies noch zum Schluß
in solchem Zusammenhang hervorzuheben!) ein mehrfacher
Mangel an:

1. Es sind viel zu wenig Haushaltungsrechnungen aufgenommen.   Sieht man von den nur auf Schätzungen be-
ruhenden Budgets ab, die in dieser Form freilich für die
Untersuchung der ärmsten und ungebildetsten Volksschichten
einfach unentbehrlich bleiben werden, so haben die Aufnahmen ganzjähriger Haushaltungsrechnungen erst zwischen
1882 und 1885 durch Karl Hampke für Halle begonnen.
Mit der neuesten und umfangreichsten Erhebung von (853)

Wirtschaftsrechnungen minderbemittelter Familien im Deutschen Reich, veröffentlicht vom Kaiserlich statistischen Amt (Feig 1909) möchten es wohl bis 2000 Fälle sein, die jetzt in dieser Form vorliegen. Das ist bei rund 13 Millionen deutschen Haushaltungen eine recht geringe Zahl, was um so bedauerlicher bleibt, als jene Rechnungen noch nicht einmal „Typen" darstellen.

2. Die Haushaltungsrechnungen erstrecken sich teilweise, so die Beobachtungen von Fuchs, Wörishoffer, Baum und auch die Rechenbergs noch nicht einmal auf ein volles Jahr. Mag auch vielleicht „bei dem beschränkten, auf die Existenzgüter sich zuspitzenden Konsumtionskomplex der Arbeiterfamilie der Haushaltungsplan schon in der Einheit der Woche bei der erdrückenden Mehrzahl der Posten in stereotyper Folge wiederkehren" (Feurstein a. a. O. S. 99), so wird dies doch bei den qualifizierteren Arbeitern zweifellos im allgemeinen nicht zutreffen. Kurzfristige Haushaltsstatistiken über letztere werden namentlich hinsichtlich der Gebrauchsgüter (Kleidung, Mobiliar usw.) versagen, da für diese auch das Jahr noch nicht einmal ein abgeschlossenes Ganzes bildet. Ja, letzterer Zeitraum (das Jahr) wird an sich im Hinblick auf die unaufhörlichen Wandlungen in dem Leben einer Familie als Folge der Unregelmäßigkeit in deren Vergrößerung und der Zunahme ihrer Bedürfnisse auch infolge des Heranwachsens der Kinder (Zunahme der Konsumeinheiten) noch kaum genügen[1].

3. Das gesamte Material an Haushaltungsrechnungen ist, abgesehen von dem Rechenbergschen, überhaupt nicht oder unbefriedigend in ernährungsphysiologischem Sinne verarbeitet — ganz davon zu schweigen, daß teilweise sogar die Nahrungsmengen nicht einmal angegeben sind.

Bei dieser Sachlage ermangelt es so gut wie jeder Voraussetzung zur Schaffung von realen Lohneinheiten. Denn (um das, was sich aus dem Vorstehenden von selbst ergibt, nochmals zu betonen) es bedürfte eben dazu noch der Ermittlung der ziffernmäßig auszudrückenden realen Bedürfnisgrößen[2] für die einzelnen nach Körperkonstitution und Arbeitsfähigkeit und -leistung so verschiedenen Menschen-, Berufsgruppen usw. Einstweilen fehlt ein gemeinsamer Nenner und ob er jemals von den Physiologen gefunden werden wird oder

---

[1] Vgl. die Schwankungen von Jahr zu Jahr in den bisher veröffentlichten mehrjährigen Haushaltungsrechnungen.

[2] Fehlt aber hier nicht wiederum jeglicher objektiver Maßstab, je mehr sich unsere gesamten Lebensverhältnisse komplizieren? Die „verdammte Bedürfnislosigkeit" über die sich Lassalle einst beklagte, findet sich heute in Deutschland fast nur noch bei den zuwandernden ausländischen, slawischen und italienischen usw. Arbeitermassen, die eine ständige Gefahr für den Lebensstandard unserer deutschen Arbeiter bilden, so bedauerlich auch oft die übertriebenen Lebensansprüche (Mode der Frauen!) im Hinblick auf die Volkszukunft sein mögen.

kann, bleibt eine offene Frage. Bisher liegen ja fast nur
vereinzelte ernährungsphysiologische L a b o r a t o r i u m s -
untersuchungen vor, dagegen spielen überhaupt kaum eine
Rolle die Feststellungen über die Funktionen des Organismus
unter den wechselnden Verhältnissen des Lebens und des
Berufs im besonderen [1].

Schlußergebnis.

Was hat nun unter den geschilderten Umständen zu
geschehen? Soll auf eine Lohnstatistik überhaupt verzichtet
werden? Ganz gewiß nicht. Vielmehr muß in beschleunigtem
Tempo eine zeitgemäße Umgestaltung unserer heutigen so-
genannten Lohnstatistik in eine wirkliche Arbeitspreisstatistik
entsprechend dem gegenwärtigen Stand unserer Erkenntnis
vorgenommen werden. Sie wäre nahezu gleichbedeutend mit
einer Reform unserer heute üblichen nationalen Wohlstands-
statistik, die nur ungenügenden Aufschluß über die Einkommensverhältnisse der einzelnen sozialen, individualberuf-
lichen Gruppen gibt. Erst wenn das der Fall wäre, würde
die Lohnstatistik, als vielleicht wichtigster Teil der Sozialstatistik, eine dauernde Führerin und Beraterin in unserer
Sozialpolitik werden und so ihren eigentlichen Zweck erfüllen.
Die für eine solche Reform aufzuwendenden Kosten werden
sich reichlich bezahlt machen.

---

[1] Vgl. dazu die Ausführungen Max R u b n e r s als neuen und ersten
Leiters des Kaiser Wilhelm - Instituts für Arbeitsphysiologie in der
Deutschen medizinischen Wochenschrift 1914 Nr. 4.

Printed by Libri Plureos GmbH
in Hamburg, Germany